Erwin Grochla, Die Kalkulation von öffentlichen Aufträgen

Die Kalkulation von öffentlichen Aufträgen

Eine Anleitung
nach den Bestimmungen der VPöA und LSP

Von

Dipl.-Kfm. Dr. Erwin Grochla

DUNCKER & HUMBLOT / BERLIN

Alle Rechte vorbehalten

Gedruckt 1954 bei Berliner Buchdruckerei „Union" GmbH., Berlin SW 29

Vorwort

Gegenüber den ersten Jahren nach Kriegsende, in denen der Umfang öffentlicher Aufträge relativ gering war, gewinnen nunmehr solche Aufträge zunehmend an Bedeutung. Das liegt einmal an den steigenden Ausgaben des Bundes, der Länder und anderer öffentlicher Auftraggeber, die aus der wachsenden deutschen Produktionskraft resultieren, zum anderen aber auch an den Plänen über einen künftigen deutschen Wehrbeitrag.

Zu diesem Zeitpunkt hat der Bundeswirtschaftsminister das bisher gültige Preisrecht für öffentliche Aufträge, das weitgehend, vor allem die VPÖ und LSÖ, noch aus der Kriegszeit stammte, durch neue Bestimmungen abgelöst, die den marktwirtschaftlichen Grundsätzen der deutschen Wirtschaftspolitik mehr als bisher Geltung verschaffen sollen.

Der Zweck dieser Schrift ist, das neue Verordnungswerk, vor allem die Bestimmungen der neuen Leitsätze, der betrieblichen Praxis nahe zu bringen. Das geschieht durch eine systematische Darstellung und Erläuterung, unterstützt durch Beispiele und ergänzt durch den reinen Text der Bestimmungen, damit der Leser befähigt wird, Kalkulationen von öffentlichen Aufträgen durchzuführen.

Meinem Kollegen Herrn Dipl.-Kfm. Dr. Heinrich Kloidt bin ich für wichtige Anregungen dankbar. Herrn cand. rer. pol. Karl Ludwig Frege danke ich für die wertvolle Mithilfe bei der Materialbeschaffung und beim Lesen der Korrekturen.

Im Februar 1954

Erwin Grochla

Inhalt

Vorwort 5

Erstes Kapitel: **Einführung** 11
  I. Die rechtlichen Grundlagen 11
  II. Die wirtschaftspolitische Zielsetzung der Verordnung 13
  III. Der Geltungsbereich der Verordnung und Leitsätze 14
  IV. Die Prüfung der Preise 17

Zweites Kapitel: **Preise und Preisermittlung nach den Vorschriften** 20
  I. Der Marktpreis 20
    a) Der tatsächliche Marktpreis 20
    b) Der abgeleitete Marktpreis 21
    c) Der Marktpreis als Festpreis 22
  II. Der behördlich gebundene Preis 23
  III. Der Selbstkostenpreis 24
    a) Das Wesen des Selbstkostenpreises 24
    b) Die zeitliche Anordnung der Preisermittlung 25
      1. Vorkalkulation 25
      2. Nachkalkulation 26
      3. Zwischenkalkulation 26
    c) Die Arten der Selbstkostenpreise 26
      1. Selbstkostenfestpreis 26
      2. Selbstkostenrichtpreis 27
      3. Selbstkostenerstattungspreis 27

Drittes Kapitel: **Der Anwendungsbereich der Preisermittlung auf Grund von Selbstkosten** 29

Viertes Kapitel: Der Aufbau der Selbstkostenpreiskalkulation 33

  I. Die Bestandteile des Selbstkostenpreises (Kostenarten) 33

    a) Stoffe 33
        1. Fertigungsstoffe 34
        2. Hilfsstoffe 34
        3. Betriebsstoffe 34
        4. Brennstoffe und Energie 35
        5. Sonderbetriebsmittel 35
        6. Auswärtige Bearbeitung 36
        7. Beigestellte Stoffe 37
        8. Reststoffe 37

    b) Löhne, Gehälter und andere Personalkosten 38
        1. Löhne 38
            10. Fertigungslöhne 38
            11. Hilfslöhne 38
        2. Gehälter 38
        3. Sozialkosten 39
            30. gesetzliche Sozialaufwendungen 39
            31. tarifliche Sozialaufwendungen 39
            32. zusätzliche Sozialaufwendungen 39

    c) Instandhaltung und Instandsetzung 40
        1. Laufende Instandhaltung und Instandsetzung 40
        2. Werterhöhende und die Lebensdauer verlängernde Instandsetzungen 40

    d) Entwicklungs-, Entwurfs- und Versuchsaufträge 41
        1. Freie Entwicklung 42
        2. Gebundene Entwicklung 42

    e) Fertigungsanlauf, Bauartänderungen 42

    f) Steuern, Gebühren, Beiträge 43
        1. Steuern 43
            10. Kalkulierbare Steuern 43
            11. Nicht kalkulierbare Steuern 43
        2. Gebühren, Beiträge 44
            20. Gesetzliche Verpflichtungen 44
            21. Freiwillige Verpflichtungen 44
        3. Lastenausgleich 44

Inhalt 9

- g) Lizenzen, Patente und gewerblicher Rechtsschutz 44
- h) Mieten, Büro-, Werbe-, Transportkosten u. dgl. 45
- i) Vertriebssonderkosten 46
  1. Vertreterprovisionen 46
  2. Versandkosten 47
- k) Kalkulatorische Abschreibungen 47
- l) Kalkulatorische Zinsen 52
- m) Kalkulatorische Einzelwagnisse 54
- n) Kalkulatorischer Unternehmerlohn 57

II. Der Mengenansatz der Kosten 60
  - a) Allgemeine Bestimmungen für den Mengenansatz 60
  - b) Spezielle Bestimmungen für den Mengenansatz 61

III. Die Bewertung der Kosten 63
  - a) Allgemeine Bestimmungen für die Bewertung 64
  - b) Spezielle Bestimmungen für die Bewertung 65

IV. Die Ermittlung des betriebsnotwendigen Kapitals 68
  - a) Das betriebsnotwendige Vermögen 69
  - b) Das Abzugskapital 76
  - c) Das betriebsnotwendige Kapital 77

V. Der kalkulatorische Gewinn 78

VI. Kalkulationsverfahren und -gliederung 80
  - a) Die Kalkulationsverfahren 80
    1. Divisionsverfahren 81
    2. Zuschlagsverfahren 81
    3. Mischformen 82
  - b) Die Kalkulationsgliederung 83
    1. Das Grundschema 83
    2. Das Kalkulationsschema bei Zuschlagsrechnung 88
    3. Das Kalkulationsschema bei Divisionsrechnung 88

VII. Allgemeine Angaben und Erklärungen zur Selbstkostenpreiskalkulation 91
  - a) Angaben bei jeder Preiskalkulation 91
  - b) Zusätzliche Angaben bei der Nachkalkulation 92
  - c) Erklärungen des Auftragnehmers 92

Fünftes Kapitel: Die Anforderungen an das Rechnungswesen 93

    I. Die Forderung nach einem geordneten Rechnungswesen 93

    II. Der Ausbau der Kosten- und Leistungsrechnung 95

Literaturverzeichnis 99

Anhang 101

    I. Verordnung PR Nr. 30/53 über die Preise bei öffentlichen Aufträgen vom 21. November 1953 101

    II. Anlage zur obigen Verordnung: Leitsätze für die Preisermittlung auf Grund von Selbstkosten 107

    III. Verordnung zur Übernahme der Verordnung PR Nr. 30/53 über die Preise bei öffentlichen Aufträgen vom 23. Dezember 1953 (Regelung für Berlin) 123

    IV. Erster Runderlaß betr. Durchführung der Verordnung PR Nr. 30/53 über die Preise bei öffentlichen Aufträgen vom 21. November 1953; vom 22. Dezember 1953 124

    V. Erster Runderlaß betr. Durchführung der Verordnung PR Nr. 30/53 über die Preise bei öffentlichen Aufträgen vom 21. November 1953; vom 19. Januar 1954 (Regelung für Berlin) 130

Erstes Kapitel

Einführung

I. Die rechtlichen Grundlagen

Am 1. Januar 1954 ist die „Verordnung PR Nr. 30/53 über die Preise bei öffentlichen Aufträgen" vom 21. November 1953 in Kraft getreten, und mit gleicher Wirkung gelten auch die in der Anlage zur obigen Verordnung erschienenen „Leitsätze für die Preisermittlung auf Grund von Selbstkosten". Verordnung und Leitsätze wurden vom Bundesminister für Wirtschaft erlassen; Rechtsgrundlage hierfür ist das Übergangsgesetz über Preisbildung und Preisüberwachung (Preisgesetz) vom 10. April 1948 (§ 2), das mehrfach bis zum Inkrafttreten eines neuen Preisgesetzes, zuletzt durch das Gesetz zur weiteren Geltungsdauer des Preisgesetzes vom 29. März 1951, verlängert wurde, unter Berücksichtigung der Abänderung durch § 37 des Gesetzes über die Investitionshilfe der gewerblichen Wirtschaft vom 7. Januar 1952. Durch die „Verordnung zur Übernahme der Verordnung PR Nr. 30/53 über die Preise bei öffentlichen Aufträgen" vom 23. Dezember 1953 des Berliner Senators für Wirtschaft und Ernährung gelten ebenfalls mit Wirkung vom 1. 1. 1954 die neuen Vorschriften auch für das Gebiet von Westberlin. Rechtsgrundlage der Berliner Verordnung ist das für Berlin geltende Gesetz über Preisregelung (Preisgesetz) vom 22. März 1950 (§ 3).

Mit dem Inkrafttreten der „Verordnung PR Nr. 30/53 über die Preise bei öffentlichen Aufträgen" (nachfolgend mit „VO PR 30/53", „VPöA", oder nur „Verordnung" bezeichnet[1] und der „Leitsätze für

---

[1] Im Gegensatz zu den Vorschriften der RPÖ, VPÖ, LSÖ, LSBÖ u. dgl. wurden für die neuen Preisvorschriften keine amtlichen Abkürzungen festgelegt. In den Entwurfsarbeiten wurden zunächst die Abkürzungen „VPöA" für die Verordnung und „LSP" für die Leitsätze vorgesehen, die auch Eingang in die Literatur fanden, soweit es sich um Diskussionen während der Vorbereitung handelte. Diese Abkürzungen sind aber nicht

die Preisermittlung auf Grund von Selbstkosten" (nachfolgend nur noch „Leitsätze" oder „LSP")[1] treten außer Kraft:

Die Verordnung über die Preise bei öffentlichen Aufträgen (VPÖ) vom 11. August 1943 und die Verordnung über die Preisermittlung auf Grund der Selbstkosten bei Leistungen für öffentliche Auftraggeber vom 15. November 1938 in der Fassung der Änderungsverordnung vom 12. Februar 1942 und deren Anlage, die Leitsätze für die Preisermittlung auf Grund der Selbstkosten bei Leistungen für öffentliche Auftraggeber (LSÖ) vom 15. November 1938 in der Fassung der obigen Änderungsverordnung vom 12. Februar 1942. Die „VPöA" und die „LSP" treten daher an die Stelle der VPÖ und LSÖ, denn die letzteren waren bisher auf Grund der Anordnung über Preisbildung und Preisüberwachung nach der Währungsreform vom 25. Juni 1948, im allgemeinen Preisfreigabe-Anordnung genannt, ausdrücklich in Kraft gelassen worden. Die entsprechende Regelung für Berlin war durch die Anordnung über die Freigabe von Preisen (Preisfreigabe-AO) vom 14. April 1950 getroffen worden.

Einige Bestimmungen des bisher geltenden Preisrechts, die 1. Durchführungsverordnung LSÖ, LSBÖ vom 11. 3. 1941 mit deren Anlage, den Leitsätzen für die Preisermittlung nach den LSÖ und LSBÖ bei mittelbaren Leistungen für öffentliche Auftraggeber; die Bekanntmachung von Richtsätzen für die Benennung des kalkulatorischen Gewinnes nach den LSÖ und LSBÖ vom 12. 2. 1942 und der § 6 der Anordnung über Preisbildung und Preisüberwachung nach der Währungsreform vom 25. 6. 1948 gelten vom Tage des Inkrafttretens der VO PR 30/53 nur noch für Bauleistungen nach der Baupreisverordnung vom 11. 5. 1951, also nicht mehr für diejenigen öffentlichen Aufträge, deren Preise nach der VO PR 30/53 ermittelt werden. An Stelle der erwähnten Baupreisverordnung vom 11. 5. 1951 für das Bundesgebiet gilt für Berlin die entsprechende Baupreisverordnung vom 13. Mai 1952. Zuwiderhandlungen gegen die Bestimmungen der Verordnung werden auf Grund des Wirtschaftsstrafgesetzes vom 26. 7. 1949 in der Fassung des Gesetzes vom 25. 3.

---

amtlich veröffentlicht worden. Anfragen des Verfassers ergaben, daß das Bundeswirtschaftsministerium und die Behörden der Preisverwaltung die Abkürzungen „VO PR 30/53" und „Leitsätze" verwenden. Da jedoch auch die neuere Literatur weiterhin von der „VPöA" und den „LSP" spricht und diese Abkürzungen offensichtlich in den Sprachgebrauch der Praxis eingehen, finden sie hier gleichfalls Anwendung.

1952/17. 12. 1952, das Gefängnis- und Geldstrafen bzw. Geldbußen vorsieht, geahndet. Durch das Berliner Übernahmegesetz vom 5. 8. 1952 wurden diese Bestimmungen auch für Berlin übernommen.

II. Die wirtschaftspolitische Zielsetzung der Verordnung

Bevor auf die Einzelheiten von Verordnung und Leitsätzen eingegangen wird, ist es zweckmäßig, sich vor Augen zu führen, welche wirtschaftspolitischen Ziele die VO PR 30/53 hat. Diese Fragestellung führt zwar von einer rein innerbetrieblichen in die gesamtwirtschaftliche Problematik, die Erfahrungen der Vergangenheit haben dem Unternehmer und Betriebswirt jedoch gezeigt, daß betriebliche und gesamtwirtschaftliche Fragen in einem unlösbaren Zusammenhang stehen. Es ist wesentlich für den Betrieb zu wissen, in welche Wirtschaftsordnung er sich einzuordnen hat, in welchem Umfang und mit welchen Mitteln der Wirtschaftspolitik der Staat auf die Planung des Betriebes einwirkt[2].

Die Frage nach der wirtschaftspolitischen Zielsetzung der VPöA ist insofern auch berechtigt, als wesentliche Teile der Verordnung nicht nur der Grundkonzeption unserer Wirtschaftsordnung sondern auch der bisher verfolgten Tendenz der Wirtschaftspolitik der Bundesregierung zu widersprechen scheinen. Wir leben in einer Wirtschaftsordnung, die aus volkswirtschaftlicher Sicht allgemein als Verkehrswirtschaft, freie Wirtschaft oder Marktwirtschaft bezeichnet wird. Wesensmerkmal einer Marktwirtschaft ist der Marktpreis, also der Preis, der sich als Funktion von Angebot und Nachfrage auf dem Markt bildet. Jeder andere Preis und damit auch der Selbstkostenpreis der VO PR 30/53 widerspricht einer Marktwirtschaft; andererseits dominiert der Selbstkostenpreis in der zentral geplanten Wirtschaft, in der in der Regel zudem ein lückenloses System der Preisbindung herrscht. Die RPÖ, VPÖ und LSÖ waren also der Wirtschaftsordnung vor 1945 angemessen.

Der Widerspruch zwischen Selbstkostenpreis und Marktwirtschaft wurde selbstverständlich auch von der Verwaltung gesehen, die daher als obersten Grundsatz hervorhob, daß Marktpreise den Selbstkostenpreisen vorzuziehen sind. Auf die Problematik dieses

---
[2] Einzelheiten siehe *Grochla*, Erwin: Betrieb und Wirtschaftsordnung. Das Problem der Wirtschaftsordnung aus betriebswirtschaftlicher Sicht. Verlag Duncker & Humblot, Berlin 1954.

Grundsatzes wird im folgenden noch einzugehen sein. Die Einleitungsbegründung für die VPöA, daß marktwirtschaftliche Grundsätze auf dem Gebiet des öffentlichen Auftragswesens durch die VO PR 30/53 verstärkt durchgesetzt werden sollen, kann jedenfalls nur im Vergleich mit der bis zum 31. 12. 1953 in Kraft gebliebenen VPÖ gesehen werden.

Selbstkostenpreise in einer Marktwirtschaft sind jedoch mit dem Hinweis, daß unsere Wirtschaftsordnung eine „soziale" Marktwirtschaft ist, zu rechtfertigen. Die Mittel für öffentliche Aufträge fließen in der Regel aus dem öffentlichen Haushalt, d. h. sie werden vom Steuerzahler aufgebracht. Es handelt sich durchaus um eine soziale Maßnahme, wenn die Bundesregierung, als Vertretung des öffentlichen Interesses, darum besorgt ist, die Mittel des Steuerzahlers wirtschaftlich einzusetzen. Das bedeutet, daß die Preise von Gütern auf Grund öffentlicher Aufträge der Leistung des Auftragnehmers äquivalent sein sollen. Diese Leistungsäquivalenz kann beim Marktpreis als gegeben betrachtet werden. Gerade auf dem Gebiete des öffentlichen Auftragwesens können sich jedoch oft Marktpreise nicht bilden, noch lassen sich Preise von Marktpreisen ähnlicher Leistungen ableiten, so daß für diese Fälle der Selbstkostenpreis herangezogen werden muß. Die Aufgabe des Verordnungswerkes besteht darin, die erwähnte Leistungsäquivalenz auch für den Selbstkostenpreis herzustellen.

Zusammengefaßt kann also gesagt werden: das wirtschaftspolitische Ziel der neuen Verordnung ist, auf dem Gebiete des Preisrechts für öffentliche Aufträge den marktwirtschaftlichen Grundsätzen der deutschen Wirtschaftspolitik mehr als bisher Geltung zu verschaffen. Dazu dient das Primat des Marktpreises. Da jedoch gerade auf dem Sektor der öffentlichen Aufträge oft Marktpreise nicht vorliegen und auch nicht von anderen Marktpreisen abgeleitet werden können, muß auf den Selbstkostenpreis zurückgegriffen werden, der jedoch auch aus unserer Wirtschaftsordnung erklärt werden kann.

III. Der Geltungsbereich der Verordnung und Leitsätze

Der Geltungsbereich der VPöA ist gegenüber der VPÖ weiter gefaßt worden; ihre Bestimmungen gelten grundsätzlich für alle Aufträge, die vom Bund, den Ländern, den Gemeinden, den Ge-

III. Der Geltungsbereich der Verordnung und Leitsätze

meindeverbänden und sonstigen juristischen Personen öffentlichen Rechts (z. B. Bundesbahn, Bundespost, städtische Gas- und Wasserwerke) vergeben werden. Ferner gilt die VPöA grundsätzlich auch für alle Leistungen von deutschen Auftragnehmern an die Besatzungsmächte, wenn diese Leistungen aus dem deutschen öffentlichen Haushalt bezahlt werden. Gleiches gilt für Leistungen an Besatzungsmächte im Wege der Requisition, so daß Besatzungsaufträge grundsätzlich den deutschen Aufträgen gleichgestellt werden. Weiterhin finden die Bestimmungen der VO PR 30/53 auch Anwendung bei den von deutschen Behörden angeordneten Leistungsauflagen und Leistungsanweisungen, z. B. bei Katastrophen. Die Behörden dürfen also auch bei solchen Auflagen keineswegs die Preise willkürlich festsetzen.

Dieser grundsätzliche Geltungsbereich findet eine Erweiterung:
a) durch zusätzliche Verfügung des Bundesministers für Wirtschaft
   1. für die Aufträge der Unternehmungen des Privatrechts, denen die Vergabe von Aufträgen durch juristische Personen des öffentlichen Rechts übertragen wurde. Der Auftragnehmer muß jedoch hiervon vor oder bei Abschluß des Vertrages über den Auftrag Kenntnis erhalten haben. Spätere Verfügungen über die Anwendung der VPöA bedürfen der Zustimmung des Auftragnehmers. Der Auftragnehmer kann also sein Einverständnis verweigern;
   2. für diejenigen Aufträge, die sich auf evtl. Verteidigungsleistungen beziehen und von internationalen Gemeinschaften oder Dienststellen anderer Staaten vergeben werden. Verfügungen des Bundesministers für Wirtschaft zur Anwendung dieser Bestimmung sind zu erwarten, wenn entsprechende zwischenstaatliche Vereinbarungen vorliegen. Auch für derzeitige Besatzungsaufträge aus besatzungseigenen Mitteln bedarf es der Verfügung des Bundeswirtschaftsministers, wenn die VPöA gelten soll;
b) auf Verlangen des öffentlichen Auftraggebers, wenn es sich um mittelbare Leistungen zu öffentlichen Aufträgen handelt (z. B. Vorleistungen eines privaten Unterlieferanten an den privaten Auftragnehmer). Der mittelbare Auftragnehmer muß aber vor oder bei Abschluß des Vertrages über den Auftrag Kenntnis von der Anwendung der VPöA erhalten haben. Soll die VO PR 30/53

auf Verlangen des öffentlichen Auftraggebers nach Abschluß des Vertrages noch angewendet werden, so bedarf es der Zustimmung des mittelbaren Auftragnehmers; diese Zustimmung kann also verweigert werden.

Der oben angeführte grundsätzliche Geltungsbereich der VO PR 30/53 kann aber auch eingeengt werden:

a) durch zusätzliche Verfügung des Bundesministers für Wirtschaft, daß die Vorschriften der VPöA auf Aufträge von Unternehmen, die juristische Personen des öffentlichen Rechts sind oder von solchen betrieben werden, nicht anzuwenden sind, wenn diese öffentlichen Unternehmen mit privaten Unternehmen hinsichtlich ihrer Leistungen im Wettbewerb stehen. Für diese Verfügung muß der Bundesminister für Wirtschaft das Einverständnis des fachlich zuständigen Bundesministers einholen;

b) bei Leistungen für die Besatzungsmächte aus deutschen öffentlichen Haushaltsmitteln, wenn die Vorschriften des Besatzungsrechtes die Anwendung der VO PR 30/53 nicht zulassen.

Die VPöA gilt grundsätzlich nicht für Aufträge, die Bauleistungen zum Gegenstand haben. Bei öffentlichen Bauleistungs-Aufträgen wird die Verordnung über die Baupreisbildung für öffentliche und mit öffentlichen Mitteln finanzierte Aufträge (Baupreisverordnung) vom 11. Mai 1951 in der Fassung der VO vom 18. 1. 1952 und der VO vom 6. 5. 1952 angewendet. In Berlin gilt die entsprechende Baupreisverordnung vom 13. 5. 1952. Wird für diese Bauleistungen ein Selbstkostenpreis vereinbart, so werden zur Ermittlung des Selbstkostenpreises weiterhin die alten Leitsätze für die Preisermittlung auf Grund der Selbstkosten bei Bauleistungen für öffentliche Auftraggeber (LSBÖ) vom 25. 5. 1940 herangezogen.

Der Geltungsbereich der Leitsätze wird bestimmt durch die Fälle der Preisermittlung, die auf Grund der entsprechenden Verordnungen auf Selbstkosten basieren dürfen. Hierzu gehört vor allem die Selbstkostenpreisermittlung nach der VO PR 30/53. Die Leitsätze können aber darüber hinaus gelten, wenn andere Verordnungen oder Verfügungen ihre Anwendung vorschreiben oder den Auftraggeber berechtigen, die Anwendung der Leitsätze zu fordern. Weiterhin können aber auch private Auftraggeber und Auftragnehmer die Leitsätze vereinbaren — ohne daß sie hierzu durch eine Verordnung verpflichtet sind — soweit es preisrechtlich zulässig ist.

IV. Die Prüfung der Preise

Hat ein Unternehmer einen öffentlichen Auftrag angenommen, so bindet er sich an das Prüfungsrecht betriebsfremder Stellen, das von erheblicher Bedeutung sein kann. Grundsätzlich sind zwei Bereiche des Prüfungsrechts zu unterscheiden:
1. das allgemeine Prüfrecht der für die Preisbildung und Preisüberwachung zuständigen Landesbehörden;
2. das Recht der Feststellung der Angemessenheit von Selbstkostenpreisen durch den öffentlichen Auftraggeber.

Zu 1.

Die Ausübung des allgemeinen Prüfrechts steht den Dienststellen der Preisverwaltung zu. Diesen Stellen ist das Zustandekommen des Preises — jeder Preiskategorie — auf Verlangen nachzuweisen. Dieser Nachweis besteht zunächst darin, daß Unterlagen über die Preisfestsetzung geschaffen werden, z. B. Nachweise über die bei Vertragsschluß geltenden Marktpreise, Zusammenstellungen der Kostenveränderungen bei Zu- bzw. Abschlägen vom Marktpreis oder Kalkulationsunterlagen bei Selbstkostenpreisen. Diese Unterlagen müssen 5 Jahre aufbewahrt werden. Wesentlich ist hierbei die Bestimmung im Ersten Durchführungserlaß zur VO PR 30/53, daß bei Preisermittlungen auf Grund von Marktpreisen die Preisbehörden nicht Nachweise verlangen können, die einer Preisermittlung auf Grund von Selbstkosten entsprechen.

Weiterhin ist die Preisverwaltung berechtigt, auf Grund dieser Unterlagen zu prüfen, ob die Vorschriften der Verordnung beachtet wurden. Der Auftragnehmer und die verantwortlichen Leiter des Unternehmens sind verpflichtet, alle für die Preisprüfung erforderlichen Auskünfte zu erteilen. Die Preisprüfer können die Unterlagen einsehen, Abschriften oder Auszüge aus diesen Unterlagen anfertigen lassen und die Betriebe besichtigen.

Zu 2.

Während das allgemeine Prüfungsrecht der zuständigen Preisbehörden von den Vertretern der Auftragnehmer nicht bestritten wurde, hat die Frage der Angemessenheitsfeststellung von Selbstkostenpreisen durch den öffentlichen Auftraggeber starke Widersprüche gebracht. Danach kann der Bundesminister für Wirtschaft öffentliche Auftraggeber (z. B. die Bundesbahn oder Bundespost, auch die Behörden der Besatzungslastenverwaltung, nicht aber die Unternehmen des Privatrechts, denen die Vergabe von Aufträgen durch juristische Personen des öffentlichen Rechts übertragen wurde) allgemein oder im Einzelfall ermächtigen, die Feststellung der Angemessenheit von Selbstkostenpreisen selbst vorzunehmen. Auch dem öffentlichen Auftraggeber gegenüber sind dann der Auftragnehmer und die verantwortlichen Leiter des Unternehmens verpflichtet, die erforderlichen Auskünfte über das Zustandekommen des Selbstkostenpreises zu erteilen, und die Vertreter des öffentlichen Auftraggebers können gleichfalls die Unterlagen einsehen, Abschriften und Auszüge aus diesen Unterlagen anfertigen lassen und die Betriebe besichtigen.

Diese Vorschriften geben also öffentlichen Auftraggebern, wie Gasanstalten, Straßenbahnbetrieben und dgl., gegenüber den privaten Auftragnehmern ein Prüfrecht, das in seinem Umfang von den Vertretern der Auftragnehmer scharf abgelehnt wird. Die zuständigen Behörden haben demgegenüber hervorgehoben, daß das Prüfrecht der öffentlichen Auftraggeber nur auf die vereinbarten Selbstkostenpreise beschränkt ist; bei vereinbarten Marktpreisen haben die öffentlichen Auftraggeber kein Prüfungsrecht. Außerdem muß bei Selbstkostenfestpreisen die Angemessenheitsfeststellung in der Zeit von der Angebotsabgabe bis zum Abschluß der Vereinbarung erfolgt sein. Das gleiche gilt beim Selbstkostenricht- und Selbstkostenerstattungspreis, wenn feste Sätze für einzelne Kalkulationsbereiche vereinbart wurden.

Wichtig für den Auftragnehmer sind die Bestimmungen, daß sich die Feststellungen des Auftraggebers in einem angemessenen Verhältnis zur wirtschaftlichen Bedeutung der Leistung für den Auftraggeber und Auftragnehmer zu halten haben. Der Auftragnehmer kann dem Auftraggeber also solche Auskünfte verweigern, die den Rahmen und den Umfang des Auftrages überschreiten. Auch hier wird es nicht immer leicht sein, im Einzelfall festzustellen, was „angemessen" bzw. „nicht angemessen" ist. Im Ersten Durchführungserlaß zur VO PR 30/53 wird nochmals darauf hingewiesen, daß die Inanspruchnahme der Bestimmungen über die Auskunftspflicht der verantwortlichen Leiter des Auftragnehmer-Unternehmens, Unterlageneinsicht bzw. Unterlagenabschrift durch den Auftraggeber keine uneingeschränkte sein kann, sondern nur soweit begründet ist, als sie zu einer Feststellung der Angemessenheit des Selbstkostenpreises erforderlich ist. Die Angemessenheitsfeststellungen des Auftraggebers sind nicht nur im Benehmen mit den Preisbehörden durchzuführen, sondern vor allem kann der Auftragnehmer die Beteiligung der Preisbehörden an den Feststellungen des Auftraggebers beantragen. Diese Möglichkeit dürfte sich besonders bei unterschiedlicher Auffassung der Vertragspartner über den Umfang der Feststellungen als ausgleichend auswirken, da die Vertreter der Auftraggeber sich nur auf die Prüfung technischer Einzelfragen beschränken könnten, während die Prüfer der Preisverwaltung sich stärker der Kostenstruktur zu widmen hätten. Kommt es zwischen den Vertragspartnern über das Ergebnis der Feststellungen zu Meinungsverschiedenheiten und zu keiner gütlichen Einigung über den Selbstkostenpreis, so kann einer der Vertragspartner beantragen, daß die für den Sitz des Auftragnehmers zuständige Preisbildungsstelle den Selbstkostenpreis festlegt. Die Festlegung durch die Preisbehörden hat besondere Bedeutung beim Selbstkostenerstattungs- und Selbstkostenrichtpreis, da der Auftragnehmer beim vor der Produktion festzulegenden Selbskostenfestpreis praktisch noch die Möglichkeit hat, den Auftrag abzulehnen bzw. vom Vertrage zurückzutreten.

Zweites Kapitel

Preise und Preisermittlung nach den Vorschriften

I. Der Marktpreis

Von den nach der Verordnung vorgesehenen Preisen steht der Marktpreis im Vordergrund der Betrachtung. Den Verträgen über öffentliche Aufträge sollen möglichst Marktpreise zugrunde gelegt werden. Die Einheits- und Gruppenpreise der LSÖ treten nicht wieder in Erscheinung. Dabei will der öffentliche Auftraggeber ebenso wie jeder andere private Vertragspartner behandelt werden. Der Auftragnehmer muß ihm alle üblichen Vorteile, wie Mengen- und Wertrabatte, Skonti, besondere Lieferungsbedingungen u. dgl. einräumen. Der Tatbestand, daß viele Leistungen auf Grund öffentlicher Aufträge nicht „marktgängig" sind, führt zu einer Unterscheidung des Marktpreises.

a) Der tatsächliche Marktpreis

Für marktgängige Leistungen ist der im Verkehr übliche Marktpreis zu vereinbaren. Marktgängige Leistungen sind Leistungen, die allgemein im wirtschaftlichen Verkehr hergestellt und gehandelt werden. Dazu gehören einmal alle Leistungen, die auf Grund eines kontinuierlichen Bedarfs privater und öffentlicher Verbraucher auf dem Markt auftreten, aber auch der Deckung des Bedarfs nur eines öffentlichen Auftraggebers dienen. Solche marktgängigen Leistungen sind z. B. Gegenstände des privaten Haushaltsbedarfs, Eisenträger, Bleche usw. Die Preise dieser marktgängigen Leistungen können auch Listenpreise sein, sie müssen aber allgemein und stetig angewandt werden. Alle obigen Marktpreise müssen außerdem preisrechtlich zulässig sein.

Die Forderung eines Marktpreises erfüllt bereits ein Preis, der durch öffentliche, aber auch durch beschränkte Ausschreibung ermittelt worden ist, wenn der Wettbewerb der Anbieter alle ausreichenden Garantien für ein ordnungsgemäßes Zustandekommen des Preises bietet. Werden demnach mehrere Unternehmen vom Auftraggeber um Preisangebote für einen öffentlichen Auftrag ersucht, so erfüllt der hierbei ermittelte Preis bereits die Bedingungen eines Marktpreises. Voraussetzung ist allerdings, daß genügend für diese Leistungserstellung in Frage kommende Unternehmungen ein Preisangebot abgegeben haben und daß zwischen diesen Unternehmungen keine Preisabsprachen vorliegen. Der Erste Durchführungserlaß der VO PR 30/53 führt jedoch noch andere Möglichkeiten auf, um den Umfang der Marktpreise auszuweiten. Der Auftraggeber ist auch nach begrenztem Angebot berechtigt, Aufträge freihändig zu einem Angebotspreis zu vergeben, ohne die Preisermittlung auf Grund von Selbstkosten zu beanspruchen. Liegt für die Leistung selbst zwar kein Marktpreis vor, sind jedoch übliche kg-Preise, cbm-Preise (oder auch Preise anderer Bezugsgrößen) zu ermitteln, so sind diese Mengeneinheit-Preise der Preisermittlung für die Leistung zugrunde zu legen

b) Der abgeleitete Marktpreis

Um auch für die nicht marktgängigen Leistungen einen Marktpreis vereinbaren zu können, ist der abgeleitete Marktpreis vorgesehen worden. Er soll zur Anwendung gelangen, wenn andere marktgängige Leistungen den speziellen Gütern der öffentlichen Aufträge ähnlich sind (z. B. Sonderausführungen von Kraftwagen, Werkzeugmaschinen, die mit den entsprechenden marktgängigen Leistungen die Grundkonstruktion gemeinsam haben).

Bedingung ist allerdings, daß Auftragsleistung und marktgängige Leistung unter gleichen Voraussetzungen vergleichbar sind, d. h. für den Vergleichspreis müssen z. B. die gleichen Marktbedingungen, Auftragsverhältnisse, örtlich und zeitlich bedingten Gegebenheiten vorgelegen haben, und die Vergleichsleistungen müssen wenigstens in den wesentlichsten Bestandteilen übereinstimmen. Ist diese Bedingung erfüllt, so ist ein Als-Ob-Marktpreis zu vereinbaren, der leistungs- und kostenmäßige Unterschiede der Auftragsleistung gegenüber der marktgängigen Leistung durch Zu- oder Abschläge berücksichtigt. Es handelt sich also um einen fiktiven Preis. Die erwähnten Zu- bzw. Abschläge müssen durch tatsächliche Abweichungen von den marktgängigen Leistungen gerechtfertigt sein.

Kann der abgeleitete Marktpreis dadurch festgestellt werden, daß über die Preisabweichung gegenüber dem Marktpreis der marktgängigen Leistung zwischen den Vertragspartnern Einigung erzielt wird, so bedarf es einer besonderen Feststellung von Zu- bzw. Abschlägen nicht mehr. Im anderen Falle ergibt sich die Größe der Zu- bzw. Abschläge entweder aus feststellbaren Marktpreisen für die Abweichungen, aus der Gegenüberstellung der Nutzungs- oder Gebrauchswerte beider Leistungen und dementsprechender Wertdifferenz oder aus der Höhe der Mehr- oder Minderkosten.

c) Der Marktpreis als Festpreis

Die Behandlung des Marktpreises als Festpreis gehört eigentlich in eine neue Reihenordnung. Tatsächliche bzw. abgeleitete Marktpreise sind davon abhängig, ob die Leistung marktgängig oder nicht marktgängig ist. Beide Formen des Marktpreises sollen aber möglichst — unter Berücksichtigung der Verhältnisse des Auftrages — als Festpreise vereinbart werden, wobei die Höhe des Preises bei Abschluß des Vertrages festzulegen ist. Diese Festpreise sind jedoch nicht mit den preisrechtlich gebundenen Festpreisen zu verwechseln.

Die Vereinbarung eines Festpreises wird nicht problematisch sein, wenn es sich um kurzfristige Aufträge handelt. Bei langfristigen Aufträgen wird der Umstand zu berücksichtigen sein, daß die Marktpreise für die Einsatzgüter schwanken und dementsprechend auch mit einer Preisschwankung für die Gesamtleistung zu rechnen ist. Dieser Umstand ist vom Gesetzgeber nicht durch allgemeine Regelung berücksichtigt worden und bedarf daher der Entscheidung im Einzelfall.

Demgegenüber regelt jedoch die Verordnung die Fälle kostenmäßiger Veränderungen auf Grund der besonderen Verhältnisse des Auftrages. Danach sind die tatsächlichen bzw. abgeleiteten Marktpreise wie auch die Mengen- und Preisvorteile zu Gunsten des öffentlichen Auftraggebers zu berichten oder können zu Gunsten des Auftragnehmers berichtigt werden, wenn bei dem öffentlichen Auftrag im Vergleich zu privaten Aufträgen besondere Verhältnisse gegeben sind (z. B. Bereitstellung von Arbeitskräften,

Material, Anlagen, Kapital durch den öffentlichen Auftraggeber; ferner auch das Vorliegen einer außergewöhnlichen Auftragsgröße). Die festgestellten Kostendifferenzen sind bei der Preisfestlegung zu berücksichtigen.

Wird z. B. die feste Vereinbarung eines abgeleiteten Marktpreises (festgestellt durch einen Kostenabschlag) für einen Auftrag hoher Auflage, der kostenmäßige Degression verursacht und dementsprechend einen kostenmäßigen Abschlag rechtfertigt, angenommen, so zeigt die doppelte Berücksichtigung kostenmäßiger Veränderungen und die weitere Forderung nach einer Festlegung des berichtigten Preises, wie weit der Begriff des Marktpreises aus der VPöA von der üblichen Auffassung über einen echten Marktpreis, der nur auf Marktgesetzen beruht, abweichen kann.

II. Der behördlich gebundene Preis

Das von der Verordnung aufgestellte Primat des Marktpreises wird durchbrochen in den Fällen, in denen für Güter und Leistungen, die Gegenstand öffentlicher Aufträge werden sollen, allgemeine oder besondere Preisvorschriften (Höchst-, Fest- oder Mindestpreisvorschriften) bestehen. Der Umfang der Güter, die noch einer Preisregelung unterliegen, ist nicht mehr groß. Entscheidend für die Abkehr von den gebundenen Preisen, denen auf Grund des Preisstopgesetzes von 1936 auch nach 1945 noch eine große Bedeutung zukam, war die Währungsreform und der daraufhin folgende Weg der deutschen Wirtschaftspolitik zur Marktwirtschaft. Durch die Preisfreigabe-Anordnung vom 25. 6. 1948 wurden die gebundenen Preise für alle Güter in den Westzonen, die nicht gesondert in den §§ 1—3 aufgeführt waren, freigegeben. Die entsprechende für Berlin geltende Regelung erfolgte durch die Preisfreigabe-Anordnung vom 14. 4. 1950. Seitdem ist der Kreis der Güter und Leistungen, für die noch gebundene Preise bestehen, ständig verengt worden (z. B. sind noch gebunden die Preise für Kohle, Leistungen der Bundesbahn und Bundespost). Eine entgegengesetzte Entwicklung ist aber durchaus möglich, wenn besondere wirtschaftliche oder soziale Verhältnisse die Anwendung einer intensiveren Preispolitik erfordern. Daher ist die Bestimmung der VPöA wesentlich, daß auch die öffentlichen Aufträge den allgemeinen und besonderen Preisvorschriften unterliegen. Bestehen für Güter und

Leistungen, die Gegenstand eines öffentlichen Auftrages werden sollen, noch Preisbindungsvorschriften, so sind die gebundenen Preise Höchstpreise für den öffentlichen Auftrag; sie dürfen nicht überschritten, jedoch unterschritten werden. Gleiches gilt, wenn die Güter und Leistungen mit Preisbindung nur für die Gesamtleistung auf Grund eines öffentlichen Auftrages verbraucht werden, also als Kostenbestandteil in die Gesamtleistung eingehen.

III. Der Selbstkostenpreis

a) Das Wesen des Selbstkostenpreises

Der Selbstkostenpreis findet Anwendung, wenn weder behördlich gebundene Preise noch Marktpreise zur Preisermittlung für den öffentlichen Auftrag herangezogen werden können oder der Preis einer marktgängigen Leistung infolge einer Mangellage oder einer Beschränkung des Wettbewerbs auf der Anbieterseite kein echter Marktpreis (Konkurrenzpreis) ist. Besteht zwischen den Vertragspartnern keine Einigkeit darüber, ob ein Markt- oder ein Selbstkostenpreis anzuwenden ist, so fällt hierüber der Bundeswirtschaftsminister oder die zuständige Preisbildungsstelle die Entscheidung. Der Selbstkostenpreis beruht nicht auf den Aufwendungen sondern auf den Kosten. Kosten sind bewerteter Güter- und Diensteverzehr; sie werden demnach aus Menge und Wert der für die Leistungserstellung verbrauchten Güter und in Anspruch genommenen Dienste ermittelt. Der Selbstkostenpreis muß weiterhin auf die angemessenen Kosten des Betriebes abgestellt sein. Das bedeutet, daß nach Art und Höhe nur diejenigen Kosten zu berücksichtigen sind, die bei wirtschaftlicher Betriebsführung zur Erstellung der den öffentlichen Auftrag betreffenden Leistungen entstehen. Der Selbstkostenpreis darf sich auch nur aus der Summe der nach den Leitsätzen hinsichtlich der Leistung zulässigen ermittelten Kostenbestandteilen und aus dem kalkulatorischen Gewinn zusammensetzen.

Die Forderung des § 5, Abs. 1 der VO PR 30/53, daß die Selbstkostenpreise auf die angemessenen Kosten des Auftragnehmers abgestellt sein müssen, kann also so verstanden werden, daß nur die von den Leitsätzen vorgesehenen Kostenbestandteile, die bedingt durch den öffentlichen Auftrag bei wirtschaftlicher Leistungserstellung entstehen, und der kalkulatorische Gewinn in den Selbstkostenpreis einbezogen werden dürfen. Die Angemessenheit der Kosten zu beweisen bzw. zu verneinen, dürfte für beide Vertragspartner noch manches Problem bringen.

Werden mehrere Betriebe mit der Erstellung der gleichen Leistung zu Selbstkostenpreisen beauftragt, so soll der Selbstkostenpreis des „guten Betriebes" auch für alle anderen Betriebe einheitlich zugrunde gelegt werden. Diese sehr problematische Bestimmung wird dahingehend erläutert, daß den gleichen Preisen auch gleiche Voraussetzungen in Ausführung, Liefermenge, Lieferzeitraum, Lieferungs- und Zahlungsbedingungen entsprechen müssen. Zur Feststellung des „guten Betriebes" werden die Selbstkostenpreise aller der Betriebe herangezogen und verglichen, die der öffentliche Auftraggeber an der Leistung zu beteiligen beabsichtigt oder beteiligt hat. Die Verordnung besagt aber nicht, an welcher Stelle nun der „gute Betrieb" steht; ob es der Bestbetrieb, der Betrieb mit den durchschnittlichen Selbstkosten oder ein anderer Mittelbetrieb ist. Hier werden Einzelentscheidungen die Verordnung ergänzen müssen. Vor allem befremdet es, daß bereits vom „guten Betrieb" gesprochen wird, obwohl durchaus die Möglichkeit besteht, daß der wirklich gute, d. h. kostenmäßig am günstigsten arbeitende Betrieb, außerhalb des Kreises der zur Leistungserstellung heranzuziehenden oder herangezogenen Betriebe stehen kann.

b) Die zeitliche Anordnung der Preisermittlung

Die Leitsätze sehen zwei Arten der Preisermittlung auf Grund von Selbstkosten vor: die Preisermittlung durch Vorkalkulation und durch Nachkalkulation. Diese Kalkulationsarten stehen auch in einem Zusammenhang mit den Arten der Selbstkostenpreise.

1. Vorkalkulation

Durch Vorkalkulation wird der Selbstkostenpreis vor der Leistungserstellung ermittelt. Es handelt sich um eine planende oder schätzende Kalkulation, die auf Grund der Ergebnisse laufender Betriebsabrechnung, früherer Nachkalkulationen und der Kostenstatistik die voraussichtlich entstehenden Kosten für die Leistung zusammenfaßt. Die Vorkalkulation soll die Frage: „Was wird das Erzeugnis kosten?" beantworten.

2. Nachkalkulation

Durch Nachkalkulation wird der Selbstkostenpreis zeitlich nach der Leistungserstellung ermittelt. Diese Kalkulation ist die Feststellung der tatsächlich bei der Leistungserstellung entstandenen Kosten. Grundlage hierfür sind die Ist-Aufzeichnungen des Rechnungswesens. Die Nachkalkulation beantwortet die Frage: „Was hat das hergestellte Erzeugnis gekostet?"

3. Zwischenkalkulation

Wie schon erwähnt, werden von den Leitsätzen nur zwei Arten der Kalkulation — unterschieden nach dem Zeitpunkt der Aufstellung — vorgesehen: die Vor- bzw. Nachkalkulation. Dennoch erfordert der später noch zu besprechende Selbstkostenrichtpreis bei der Umwandlung in den Selbstkostenfestpreis eine dritte Form der Kalkulation: die Zwischenkalkulation. Von einer Zwischenkalkulation wird gesprochen, wenn halbfertige Leistungen während der Leistungserstellung kalkuliert werden. Dadurch lassen sich nicht nur die bisherigen Kosten übersehen und bisherige Vorkalkulationen berichtigen, sondern auch eine genauere Vorkalkulation der weiteren Leistungserstellung bis zur Endleistung ist nunmehr möglich.

c) Die Arten der Selbstkostenpreise

Im Verordnungswerk sind drei Arten von Selbstkostenpreisen vorgesehen:

1. Selbstkostenfestpreis

Obwohl als Grundsatz in § 1 der VPöA bereits betont wurde, daß möglichst feste Preise zu vereinbaren sind, wird diese Forderung für den Selbstkostenpreis speziell nochmals unter § 6 hervorgehoben. Dem Selbstkostenfestpreis kommt daher unter den Selbstkostenpreisen eine bevorzugte Stellung zu. Grundlage des Selbstkostenfestpreises ist eine vom Auftragnehmer bei der Angebotsabgabe eingereichte Vorkalkulation, die auf Grund eines geordneten Rechnungswesens die voraussichtlichen angemessenen Kosten berücksichtigt. Der Selbstkostenfestpreis ist beim Abschluß oder spätestens unmittelbar nach Abschluß des Vertrages (Auftragserteilung) festzulegen und gilt dann für die Dauer des Vertrages.

III. Der Selbstkostenpreis 27

Die Festlegung des Preises erfolgt durch Vereinbarung beider Vertragspartner. Die Bedeutung des Selbstkostenfestpreises liegt offensichtlich darin, den Auftragnehmer bei gegebenem Preis zu einer wirtschaftlichen Leistungserstellung anzuspornen, da ihm durch Kostensenkung ein zusätzlicher Leistungsgewinn erwächst.

2. *Selbstkostenrichtpreis*

Bei bestimmten Erzeugnissen für öffentliche Auftraggeber, die z. B. erstmalig erstellt werden, noch nicht absehbare Entwicklungskosten verursachen u. dgl., wird es oft schwierig sein, einen Selbstkostenfestpreis festzustellen bzw. zu vereinbaren. In diesem Falle soll ein Selbstkostenrichtpreis vereinbart werden, d. h. ein Selbstkostenpreis, der nur vorläufig gilt. Sobald im Laufe der Fertigung — auf jeden Fall vor Beendigung der Fertigung — die Grundlagen der Kalkulation übersehbar sind, d. h. durch eine Kalkulation nach den Leitsätzen die Selbstkosten ermittelt werden können, soll nunmehr zwischen den Vertragspartnern ein Selbstkostenfestpreis vereinbart werden. Grundlage hierfür ist eine Zwischenkalkulation. Hierbei wird es aber zweckmäßig sein, daß sich Auftraggeber und Auftragnehmer bei der Auftragserteilung über die Spanne einigen, in der der spätere Selbskostenfestpreis im Verhältnis zum vorläufigen Selbstkostenrichtpreis stehen darf, damit spätere Diffrenzen zwischen den Vertragspartnern möglichst vermieden werden.

3. *Selbstkostenerstattungspreis*

Als letzte Möglichkeit der Preisermittlung bringt die Verordnung den Selbstkostenerstattungspreis. Bei diesem Preis werden dem Auftragnehmer die bei der Leistungserstellung entstandenen Kosten vom Auftraggeber erstattet. Die starke Bindung des Auftraggebers an die Kosten des Auftragnehmers machen einen solchen Preis für den Auftraggeber unvorteilhaft; nach der Verordnung soll der Selbstkostenerstattungspreis daher nur in Ausnahmefällen vereinbart werden, und zwar dann, wenn eine andere Preisermittlung nicht möglich ist. Der Selbstkostenerstattungspreis wird grundsätzlich auf Grund einer Nachkalkulation ermittelt. Dabei kann aber bereits bei der Auftragserteilung die Höhe der erstattungsfähigen Kosten insgesamt oder ganz bestimmter Kostenarten bzw. Kostenbereiche durch den Auftraggeber nach Vereinbarung mit dem Auftragnehmer begrenzt worden sein, so daß die Nachkalkulation an diesen Werten ihre Grenze findet. Der öffentliche Auftraggeber kann weiterhin darauf dringen, daß — soweit es die Verhältnisse des Auftrages ermöglichen — für einzelne Kalkulationsbereiche (z. B. Verwaltungs- und Vertriebskosten) feste Sätze vereinbart werden. Hier wären zusätzlich Vorkalkulationen für die festgelegten Kalkulationsbereiche vom Auftragnehmer vorzulegen.

Drittes Kapitel

Der Anwendungsbereich der Preisermittlung auf Grund von Selbstkosten

Von der Verwaltung wird mit großer Betonung zum Ausdruck gebracht, daß der Anwendungsbereich der Leitsätze und damit der Preisermittlung auf Grund von Selbstkosten im Sinne der Verordnung sehr eng sein soll. Es wird hervorgehoben, daß die Vereinbarung von Selbstkostenpreisen nach den Bestimmungen der Verordnung unerwünscht ist und daß die Leitsätze nur dann zur Anwendung kommen sollen, wenn alle übrigen Methoden nicht geeignet sind[3]. Demgegenüber wird ebenso nachdrücklich auf das Primat des Marktpreises verwiesen. So heißt es im Ersten Durchführungserlaß der VO PR 30/53: „Alle auf dem Gebiet des öffentlichen Auftragwesens tätigen Behörden sind gehalten, im Rahmen ihrer Zuständigkeit dafür Sorge zu tragen, daß die Preisbildung für öffentliche Aufträge in Anwendung der neuen Bestimmungen den Grundsätzen der Marktwirtschaft Rechnung trägt."

Grundsätzlich gilt das sogenannte Stufenprinzip:

1. Bestehen für Güter oder Leistungen behördlich gebundene Preise, so sind diese Preise heranzuziehen. Dabei haben die behördlich gebundenen Preise Höchstpreischarakter, d. h. sie dürfen nicht überschritten, können aber unterschritten werden.
2. Sind die Preise der Güter und Leistungen behördlich freigegeben worden, so ist der entsprechende Marktpreis der höchstzulässige Preis. Für marktgängige Leistungen kommt

---

[3] Nach den Ausführungen der zuständigen Referenten des Bundeswirtschaftsministeriums.
Michaelis, Hans: Die neuen Leitsätze für die Preisermittlung. Steigerung der Produktivität — Hebung des Lebensstandards, herausgegeben von der Deutschen Gesellschaft für Betriebswirtschaft, Berlin 1953, S. 109;
Hohmann, Karl: Die Preisbildung bei öffentlichen Aufträgen. Die Wirtschaftsprüfung, Stuttgart 1954, Heft 2, S. 26.

der tatsächliche Marktpreis und für nichtmarktgängige Leistungen der abgeleitete Marktpreis in Betracht.
3. Nur für die Güter und Leistungen, für die weder ein behördlich gebundener noch ein Marktpreis ermittelt bzw. abgeleitet werden kann, dürfen Selbstkostenpreise vereinbart werden. Die Vereinbarung eines Selbstkostenpreises ist jedoch ausnahmsweise — trotz Vorliegen eines Marktpreises — gestattet, wenn die Marktlage infolge Mangelerscheinungen unausgeglichen oder der Wettbewerb auf der Anbieterseite beschränkt ist. Muß ein Selbstkostenpreis herangezogen werden, so ist stets dem Selbstkostenfestpreis gegenüber dem Selbstkostenerstattungspreis der Vorzug zu geben.

Neben dem geschilderten Stufenprinzip für die Preisbildung wurden noch andere Bestimmungen in die VPöA aufgenommen, die den Selbstkostenpreis für den Auftragnehmer wenig attraktiv machen sollen. Dazu gehört die Vorschrift, daß dem öffentlichen Auftraggeber nur dann ein Prüfrecht zusteht, wenn ein Selbstkostenpreis vereinbart wurde. Weiterhin ist bei jedem Anschlußauftrag für die gleiche Leistung zu prüfen, ob nicht ein bisheriger Selbstkostenpreis durch einen Marktpreis ersetzt werden kann. Vor allem soll der Kreis der Preisermittlung auf Grund von Selbstkosten dadurch eingeengt werden, daß der Inhalt des Begriffes Marktpreis sehr weit verstanden wird. Wie geschildert, umfaßt der Begriff Marktpreis nicht nur den Preis, der von Marktpreisen ähnlicher und marktgängiger Güter abgeleitet wurde, sondern auch Preise auf Grund einer beschränkten Ausschreibung, ja sogar auf Grund freihändiger Vergabe.

Es kann also gesagt werden, daß der von der Verwaltung vorgesehene Anwendungsbereich für die LSP und damit für die Preisermittlung auf Grund von Selbstkosten die Ausnahme sein soll.

Demgegenüber wird von Seiten der Auftragnehmer erklärt, daß auch in der alten VPÖ bereits ein ähnliches Stufenprinzip wie für die VPöA bestand und dennoch die praktische Entwicklung entgegengesetzt verlief: die Preisermittlung auf Grund von Selbstkosten wurde zur Regel[4].

---

[4] *Pöckel*, E.: Die neuen Leitsätze für Preisbildung (LSP). Steigerung der Produktivität . . . a. a. O. S. 101.

Nach der VPÖ sollten öffentliche Aufträge soweit wie möglich als Einheits- oder Gruppenpreise (§ 4 VPÖ) oder — wenn diese nicht möglich waren — zu Preisen für gängige Leistungen (Stoppreise, Höchstpreise, § 5 VPÖ) abgerechnet werden. Nur dann, wenn weder Einheits- bzw. Gruppenpreise noch Preise für gängige Leistungen anzuwenden waren oder ein höchstzulässiger Preis ungerechtfertigt hoch erschien und unterschritten werden mußte (§ 5, Abs. 2 VPÖ), durfte ein Selbstkostenpreis herangezogen werden. Der Selbstkostenpreis sollte vor, spätestens aber unmittelbar nach der Auftragserteilung fest vereinbart werden. Konnte ein Selbstkostenfestpreis nicht ermittelt werden, so war zunächst ein Selbstkostenrichtpreis zu vergeben, der alsbald, möglichst vor Beendigung der Fertigung, in einen Selbstkostenfestpreis umzuwandeln war. Selbstkostenerstattungspreise durften nur in besonderen Ausnahmefällen vergeben werden.

Es ist offensichtlich, wie stark die Preisbildungsstufung der alten VPÖ der der neuen VPöA ähnelt. Die Unterschiede bestehen im wesentlichen darin, daß an die Stelle der Einheits- bzw. Gruppenpreise die Marktpreise traten und den behördlich gebundenen Preisen nunmehr eine geringere Bedeutung zukommt. Beide Unterschiede erklären sich als notwendige Folgen der veränderten Wirtschaftsordnung, und sie sind relativ gering, wenn bedacht wird, daß schon die Einheits- bzw. Gruppenpreise gegenüber den Preisen der RPÖ die Aufgabe hatten, wieder stärker marktwirtschaftliche Leistungsgrundsätze einzuführen. Wenn trotz dieser Bestimmungen bis 1945 der Selbstkostenpreis dominierte, so lag es gewiß nicht allein an der VPÖ, sondern weit eher an der völlig unausgeglichenen Marktlage. Dennoch kann aus der erwähnten Entwicklung gelernt werden.

Man muß bedenken, daß es schon in der Natur und Art der Güter und Leistungen für öffentliche Auftraggeber liegt, daß nur wenige von ihnen marktgängig sind. Auch wenn es gelingt, ähnliche marktgängige Leistungen zum Vergleich heranzuziehen, so entsteht das Problem der Einigung über die „angemessenen" Zu- bzw. Abschläge. Weiterhin sei an die Vorschrift erinnert, daß die Marktpreise unterschritten werden müssen oder überschritten werden können, wenn es die besonderen Verhältnisse kostenmäßig rechtfertigen. Schon diese Bestimmungen sind Ausdruck eines Kostendenkens.

Vor allem aber wird der Kreis der Preisermittlung auf Grund von Selbstkosten durch die VPöA selbst erweitert, und zwar durch die Bestimmung, daß trotz Vorliegen von Marktpreisen Selbstkostenpreise zu vereinbaren sind, wenn auf dem Markt eine Mangellage herrscht oder der Wettbewerb auf der Anbieterseite beschränkt ist. Die Erfahrungen der letzten Jahrzehnte haben gezeigt, daß gerade Zeiten erhöhter öffentlicher Auftragstätigkeit mit Mangellagen auf dem Markt verbunden sind, ja diese oft bedingen. Schlägt der Käufermarkt in einen Verkäufermarkt um, so bevorzugt der öffentliche Auftraggeber den Selbstkostenpreis, um Preisüberhöhungen zu entgehen. Der Selbstkostenpreis kommt damit gerade dann erhöht zum Zuge, wenn dem öffentlichen Auftragsvolumen gegenüber den privaten Aufträgen eine relativ hohe Bedeutung zukommt.

Eine ähnliche Entwicklung ist auch im Rahmen der VPöA durchaus möglich. Der Selbstkostenpreis kann dann wieder von der Ausnahme zur Regel werden.

Darüber hinaus sei erwähnt, daß die LSP auch Grundlage für preisrechtliche Vereinbarungen nach Privatrecht zwischen privaten Auftraggebern und Auftragnehmern sein können.

Viertes Kapitel

Der Aufbau der Selbstkostenpreiskalkulation

1. Die Bestandteile des Selbstkostenpreises (Kostenarten)

Die Leitsätze legen im einzelnen die Bestandteile des Selbstkostenpreises hinsichtlich der Art, des Mengenansatzes und der Bewertung fest. Im folgenden sollen zunächst die Selbstkostenpreisbestandteile nach Arten besprochen werden. Die LSP lehnen sich hinsichtlich der Kostenartengliederung offensichtlich an die Gliederung der Kostenartenklasse (Kl. 4) des Gemeinschaftskontenrahmens an. Wenn es auch zweckmäßig wäre, die Kostenarten nach ursprünglichen (primären) und abgeleiteten (sekundären) zu unterscheiden, um den Grundsatz der Verbuchung nur primärer Kostenarten in der Klasse 4 hervorzuheben, so soll doch aus Gründen der Anpassung an die Leitsätze der dort gewählten Gliederung im wesentlichen gefolgt werden.

Die Hervorhebung der folgenden Kostenarten durch die LSP hat — schon im Hinblick auf eine spätere Preisprüfung — die Wirkung, daß eine entsprechende Kostenartenrechnung zu führen ist. Die Kostenartenrechnung beantwortet die Frage: „Welche Arten von Kosten sind entstanden, d. h. welche Arten von Gütern und Diensten sind verbraucht worden?"

a) Stoffe

Zu den Stoffen zählen die Leitsätze die Fertigungs- bzw. Einsatzstoffe, Hilfs- und Betriebsstoffe, Brennstoffe und Energie, aber auch Sonderbetriebsmittel und die auswärtige Bearbeitung. Diese Begriffe unterscheiden sich nicht durch die Art des Stoffes, sondern durch den Verwendungszweck (z. B. kann Holz sowohl Fertigungs- als auch Hilfs- bzw. Betriebsstoff sein). Wichtig ist daher, daß die Abgrenzung zwischen diesen Stoffgruppen nach einheitlichen Gesichtspunkten durchgeführt wird.

1. Fertigungsstoffe

Fertigungs- bzw. Einsatzstoffe sind die Grundstoffe (z. B. Holz für Möbel) oder Halbzeuge (z. B. Bleche für Stanzteile), die unmittelbar in das Erzeugnis eingehen und dessen Wesen und Ausstattung bestimmen. Als Fertigungsstoffe bezeichnet man in der Regel den unmittelbaren Stoffverbrauch in der be- und verarbeitenden Industrie, während in der Stoffgewinnung bzw. -umwandlung die Bezeichnung Einsatzstoffe üblich ist. Fertigungs- bzw. Einsatzstoffe können als Werkstoffe von außen bezogen werden oder sind selbstgefertigte Zwischenerzeugnisse (Halbfabrikate einer Zwischenstufe der Fertigung). Fertigungsstoffe werden — außer bei reiner Divisionsrechnung — als Einzelkosten (Einzelmaterial) verrechnet, d. h. dem Kostenträger direkt zugerechnet.

2. Hilfsstoffe

Auch Hilfsstoffe werden unmittelbar für das Erzeugnis verwendet, ohne Grundstoffe (Fertigungsstoffe) zu sein. Sie können in das Erzeugnis eingehen, bei der Be- bzw. Verarbeitung einwirken oder in anderer Form bei der Weiterverarbeitung oder beim Vertrieb für das Erzeugnis unmittelbar verbraucht worden sein und dienen somit zur Ergänzung der Fertigungs- bzw. Einsatzstoffe. Hilfsstoffe sind z. B. Leim, Lacke, Lötzinn, aber auch Grubenholz. Die nahe Verwandtschaft der Hilfs- mit den Fertigungstoffen (unmittelbarer Verbrauch für das Erzeugnis) veranlaßt die Leitsätze zu verlangen, daß Hilfsstoffe wie Fertigungsstoffe bei der Verrechnung zu behandeln, d. h. als Einzelkosten zu verrechnen sind. In besonderen Fällen, bei schwer direkt ansetzbaren Stoffen (z. B. Farben, Schweißelektroden) können die Stoffe als Gemeinkosten verrechnet werden. Doch ist vorher zu prüfen, ob sie nicht in Form eines Zuschlages auf die Fertigungsstoffe (sog. Zuschlagsmaterial) zur Verrechnung gelangen können.

3. Betriebsstoffe

Die Betriebsstoffe zählen nicht zu den Fertigungsstoffen und bedürfen auch nicht der gleichen Verrechnung. Sie werden nicht für ein bestimmtes Erzeugnis verwendet, sondern dienen der Aufrechterhaltung des laufenden Fertigungsganges. Dazu gehören z. B. Schmieröl, Putzlappen, Kühlmittel, Treibriemen, aber auch Büromaterial u. dgl. Betriebsstoffe werden also für das Erzeugnis nur mittelbar verbraucht. Die Verrechnung ist dementsprechend: Be-

I. Die Bestandteile des Selbstkostenpreises 35

triebsstoffe werden als Gemeinkosten verrechnet, d. h. den Kostenträgern indirekt über die Stellenrechnung zugerechnet.

4. *Brennstoffe und Energie*

Obwohl Brennstoffe und Energie grundsätzlich zu den Betriebsstoffen zu zählen sind, werden sie von den LSP gesondert aufgeführt. Auch Brennstoffe und Energie werden nicht für ein bestimmtes Erzeugnis verbraucht, sondern dienen allgemein zur Durchführung und Aufrechterhaltung des Fertigungsprozesses. Hierzu zählen feste (z. B. Kohle), flüssige (z. B. Dieselöl), gasförmige (z. B. Propangas) Brenn- bzw. Treibstoffe; Dampf, Strom, Preßluft, Preßwasser und auch Wasser. Da diese Kosten nicht unmittelbar für einen Kostenträger verbraucht werden, kann man sie ihm auch nicht direkt zurechnen. Die Verrechnung der Brennstoffkosten auf den Kostenträger erfolgt daher indirekt, d. h. über die Kostenstellen, als Gemeinkosten. Wird die Energie im Betrieb selbst erzeugt, so wird man möglichst Hilfskostenstellen (z. B. Gaserzeugung) bilden, auf denen die bisher primären Kostenarten zu einer neuen sekundären Kostenart zusammenschmelzen. Aber auch bei Fremdbezug empfiehlt sich die Bildung einer Hilfskostenstelle, wenn mit dem Fremdbezug größere Nebenkosten (z. B. Leitungskosten) verbunden sind.

5. *Sonderbetriebsmittel*

Obwohl Sonderbetriebsmittel keine Stoffe im Sinne der Fertigung sind, werden sie hierunter von der LSP eingeordnet. Unter den Sonderbetriebsmitteln verstehen die Leitsätze die Werkzeuge, die ausschließlich dazu dienen, daß die Fertigung der Güter für den öffentlichen Auftrag durchgeführt werden kann. Dazu gehören besondere Modelle, Gesenke, Schnitte und Stanzen, Bohrvorrichtungen, Schablonen, Sonderlehren u. a. In der Praxis spricht man auch von Sonderwerkzeugen. Das Wesen der Sonderbetriebsmittel oder Sonderwerkzeuge liegt also darin, daß sie auftrags- oder leistungsgebunden sind und für andere Fertigungen nicht benutzt werden können. Die Kosten sind nach dem Verursachungsprinzip den Leistungen für den öffentlichen Auftrag zuzurechnen.

Bei der Verrechnung gibt es zwei Möglichkeiten. Handelt es sich um einen einmaligen Lieferauftrag, so wird der Gesamtbetrag der Kosten dem Auftrag zugerechnet. Wiederholen sich Teilaufträge von Zeit zu Zeit und können die Sonderbetriebsmittel jeweils wieder benutzt werden, so ist dem Teilauftrag gleichfalls nur ein entsprechender Teilbetrag der Kosten zuzurechnen. Bei der Bemessung der angemessenen Tilgungsanteile wird man von der Gesamtnutzungsdauer der Sonderbetriebsmittel ausgehen müssen. Der Verlauf und Stand der Tilgung (besser Abschreibung) muß buch- oder karteimäßig nachgewiesen werden.

Kosten der Sonderbetriebsmittel werden in der Betriebsbuchhaltung den Kostenträgern als Sondereinzelkosten direkt zugerechnet und in der Kalkulation als Sondereinzelkosten der Fertigung ausgewiesen. Durch diese Bestimmung wird die Einordnung der Sonderbetriebsmittel unter die Stoffe wieder korrigiert.

Die allgemeinen Werkzeuge (z. B. Spiralbohrer, Fräser, Drehstähle) werden von der LSP nur nicht gesondert erwähnt; sie gehen jedoch ebenso wie die Sonderwerkzeuge in die Kosten ein. Die Verrechnung erfolgt in der Regel als Gemeinkosten, doch kann auch hier eine Verrechnung als Sondereinzelkosten bzw. Gruppenkosten möglich sein.

6. Auswärtige Bearbeitung

Die LSP führen unter den Stoffkosten auch den Fall der auswärtigen Bearbeitung an. Als auswärtige Bearbeitung ist entweder der Bezug von Zwischenerzeugnissen aus kostenlos hergestellten Stoffen oder die Übernahme einzelner Fertigungsvorgänge durch Fremdbetriebe (Lohnarbeiten) zu verstehen. Es ist offensichtlich, daß es sich hierbei nicht um Stoffkosten, sondern um Dienstekosten (Kosten der Fremddienste) handelt, denn die Stoffe sind bereits als Kosten verrechnet worden, hinzu kommen nur Lohnkosten und Gemeinkosten der Fremdbetriebe. Es wäre besser gewesen, diese Kosten als Fremddienstekosten ausweisen zu lassen. Dann wäre auch die Forderung der Leitsätze überflüssig, daß Fertigungsgemeinkosten der werkeigenen Fertigungsstellen auf fremde Lohnarbeitskosten nicht in Ansatz gebracht werden dürfen.

Bei der jetzigen Verfahrensweise ist jedoch wichtig zu wissen, daß die Kosten der auswärtigen Bearbeitung als gesonderte Kostenart in der kalkulatorischen Buchhaltung zu verrechnen sind und in der Kalkulation gesondert ausgewiesen werden müssen. Das bedeutet, daß die Kosten für auswärtige Bearbeitung, entsprechend ihrem oben festgestellten Charakter, als Sondereinzelkosten der Fertigung auszuweisen sind.

I. Die Bestandteile des Selbstkostenpreises

7. Beigestellte Stoffe

Werden vom Auftraggeber Stoffe kostenlos beigestellt und verursachen sie Gemeinkosten, so werden sie mit ihrem Wert in der Kalkulation den Stoffkosten zugeschlagen und nach Durchführung der Kalkulation wieder mit dem oben angesetzten Wert von den Selbstkosten abgezogen. Der Wert der beigestellten Stoffe kann, wenn keine genauen Zahlen vorliegen, gegebenenfalls geschätzt werden.

Dieses Verfahren dient dazu, die Stoffgemeinkosten für die gesamten Einzelstoffe in die Kalkulation zu bringen, unabhängig davon, ob die Stoffe vom Auftragnehmer beschafft oder vom Auftraggeber kostenlos beigestellt wurden. Das gleiche Ziel wird jedoch auch erreicht, wenn man neben den Stoffgemeinkosten für das beschaffte Material einen gesonderten Stoffgemeinkostenzuschlag für die kostenlos beigestellten Stoffe (auf Grund des Materialgemeinkostenzuschlagsatzes) in die Kalkulation einfügt. Dadurch entfällt die Addition und nachherige Subtraktion des Wertes der kostenlos beigestellten Stoffe.

8. Reststoffe

Da der öffentliche Auftraggeber daran interessiert ist, nur für den tatsächlichen Wertverzehr im Preis aufzukommen, bestimmt er auch, daß die bei der Produktion anfallenden Reststoffe, wenn sie im eigenen Betrieb verwendet oder auf dem Markt veräußert werden können, von den Stoffkosten abgezogen werden müssen. Bei Eigenverwendung ergibt sich der abzuziehende Betrag aus dem entsprechenden Stoffwert; bei Veräußerung wird der Abzugsbetrag durch die durchschnittlich erzielten oder erzielbaren Erlöse bestimmt, von denen die bei der Aufbereitung und Veräußerung entstandenen Kosten abgezogen und wiederum den Stoffkosten zugeschlagen werden.

Voraussetzung dieser Bestimmung ist, daß die Reststoffe Wert besitzen, d. h. im Betrieb möglichst entsprechend dem ursprünglichen Wert verwendet werden oder auf dem Markt zu veräußern sind. Unverwertbare Reststoffe bleiben unberücksichtigt. Werden die Reststoffe in der Stoffrechnung durch Abzug berücksichtigt, so sind sie nach Möglichkeit für die einzelnen Leistungen direkt zu erfassen.

b) Löhne und Gehälter und andere Personalkosten

Die Personalkosten sind im weitesten Sinne als Kosten der Betriebsarbeit oder betriebliche Arbeitskosten anzusehen. Hierzu sind im einzelnen zu rechnen:

1. Löhne

Die Löhne bilden das Entgelt für die Leistung der Arbeiter (einschl. Urlaubs- und Feiertagslöhne). Dazu gehören auch Überstundengelder, vor allem aber auch die vom Arbeiter zu tragenden Abzüge für Sozialversicherung, Lohnsteuer usw. Diese Abzüge werden nur auf Grund gesetzlicher Forderungen einbehalten und abgeführt. Innerhalb der Kostenrechnung wird jedoch der Gesamtlohnbetrag angesetzt. Bedingt durch die Verrechnung ergibt sich — ähnlich wie bei den Stoffen — innerhalb der Löhne eine Unterscheidung, nämlich in Fertigungs- und Hilfslöhne. Diese Unterscheidung ist jedoch nur notwendig bei Anwendung der Zuschlagsrechnung, nicht aber bei Anwendung der Divisionsrechnung.

10. Fertigungslöhne

Zu diesen gehören die Löhne, die unmittelbar bei der Produktion verbraucht werden (z. B. Lohn des Formers, Bohrers, Drehers). Die Fertigungslöhne sind als Einzelkosten zu erfassen und dem Kostenträger direkt zuzurechnen. In der Kalkulation werden die Fertigungslöhne innerhalb der Gliederung als eine besondere Kostenart einzeln ausgewiesen, und sie dienen weiterhin vielfach den Fertigungsgemeinkosten als Zuschlagsgrundlage.

11. Hilfslöhne

Die restlichen Löhne, die nicht den Kostenträgern direkt zuzurechnen sind, weil sie nicht unmittelbar bei der Erzeugung anfallen, sind die Hilfslöhne. Sie dienen nur mittelbar der Produktion (z. B. Lohn des Elektrokarrenführers, Kesselwärters, aber auch Urlaubslöhne) und können daher auch nur indirekt, d. h. als Gemeinkosten über die Kostenstellen dem Kostenträger zugerechnet werden.

2. Gehälter

Die Gehaltskosten umschließen die Bezüge der Angestellten, gleichfalls einschließlich der Vergütungen für Überstunden und der abzuführenden Abzüge. Oft werden auch besondere Zulagen und Zuschüsse (z. B. Trennungsgelder, Urlaubsentschädigungen) den

Gehältern zugebucht. Das Ziel der Kostenrechnung, möglichst viele Kosten dem Kostenträger direkt zuzurechnen, macht es wie bei den Löhnen notwendig, die Gehälter mit einer unmittelbaren Beziehung zur Tätigkeit für den Auftrag abzusondern und als Fertigungsgehälter dem Kostenträger direkt zuzuordnen. Das ist aber nur in Einzelfällen möglich; der Rest findet als Gemeinkosten eine indirekte Zurechnung.

3. Sozialkosten

Unter diesem Posten werden nur die Sozialkosten erfaßt, die vom Betrieb (Arbeitgeber) aufgebracht werden. Die Sozialabzüge vom Lohn bzw. Gehalt des Arbeitnehmers finden hier keine Berücksichtigung. Nach den Leitsätzen sind die Sozialkosten in der Kostenartenrechnung zu gliedern in:

30. gesetzliche Sozialaufwendungen (-kosten). Das sind die Sozialkosten, die auf Grund von Gesetzen, Verordnungen, Erlassen u. dgl. geleistet werden müssen. Hierzu gehören die Arbeitgeberanteile für die Sozialversicherung (z. B. Invaliden-, Angestellten-, Knappschafts-, Kranken- und Unfallversicherung) und für die Arbeitslosenversicherung;
31. tarifliche Sozialaufwendungen (-kosten). Das sind solche Sozialkosten, die zwar nicht vom Gesetzgeber verlangt werden, aber auf Grund tariflicher Vereinbarungen zwischen den Sozialpartnern zu den Verpflichtungen der Unternehmung gegenüber den Arbeitnehmern gehören (z. B. tariflich vereinbarte Pensionen, Arbeitsschutzkleidung u. dgl.);
32. zusätzliche Sozialaufwendungen. Hierbei handelt es sich um Sozialaufwendungen, die dem Betrieb neben den gesetzlichen und tariflichen dadurch entstehen, daß zusätzlich und freiwillig fürsorgerische Maßnahmen für die Belegschaft und deren Angehörige durchgeführt werden (z. B. Zuschüsse für Werkkantinen, Sportplätze, Erholungsheime; Jubiläumsgeschenke, Familienunterstützungen).

Die Leitsätze schreiben daraufhin vor, daß grundsätzlich nur die gesetzlichen und tariflichen Sozialaufwendungen in der tatsächlichen Höhe als Kosten angesetzt werden dürfen. Die zusätzlichen Sozialaufwendungen dürfen nur dann in die Kosten für den öffentlichen Auftrag verrechnet werden — erhalten also Kostencharakter — wenn sie nach Art und Höhe betriebs- oder branchenüblich sind und dem Grundsatz wirtschaftlicher Betriebsführung entsprechen. Diese Formulierung der Leitsätze (ähnlich der Fassung in den LSÖ) bedeutet, daß im Einzelfall die Betriebs- bzw. Branchenüblichkeit der Art und Höhe zusätzlicher Sozialkosten nachzuweisen sein wird. Z. B. dürften Weihnachts- bzw. Abschlußgratifikationen, Sterbegelder üblich geworden sein. In den Fällen, in denen der Auftraggeber den Kostencharakter zusätzlicher Sozialaufwendungen ablehnt, wird er darauf hinweisen, daß diese aus dem Erfolg der Unternehmung zu decken sind.

Sozialkosten werden als Gemeinkosten verrechnet.

c) Instandhaltung und Instandsetzung

Durch Instandhaltung und Instandsetzung wird dem Verschleiß der Anlagen entgegengewirkt. Dabei werden neue Güter und Dienste verbraucht, die in ihrer Summe bei Fremdreparatur eine ursprüngliche (primäre) und bei Eigenreparatur eine neue abgeleitete (sekundäre) Kostenart ergeben. Die Leitsätze unterscheiden zwei Gruppen innerhalb der Kostenart:

1. Laufende Instandhaltung und Instandsetzung

Hier handelt es sich um laufende Reparaturen von Betriebsbauten, Betriebseinrichtungen, Maschinen, Vorrichtungen, Werkzeugen u. dgl., die dazu dienen, die Leistungsfähigkeit der Anlagen zu erhalten.

Diese Reparaturen sind grundsätzlich Kosten; ihre Verrechnung ist abhängig von ihrem Auftreten. Bewegt sich der Anfall der Reparaturkosten während der einzelnen Monate auf einer ungefähr gleichen Höhe, so wird sich eine Abgrenzung erübrigen, und die Reparaturkosten sind sofort in die Kostenartenrechnung aufzunehmen. Bei stoßweisem Anfall der Reparaturen ist jedoch eine kurzfristige Abgrenzung der Beträge in der Klasse 2 notwendig. Die Kostenartenrechnung wird dann monatlich mit der dem Verbrauch entsprechenden Rate oder Quote belastet.

2. Werterhöhende und die Lebensdauer verlängernde Instandsetzungen

Diese Instandsetzungen treten für ganz bestimmte Anlagen in größeren Abständen und Beträgen auf. Ihre Aufgabe ist es, die Leistungsfähigkeit der Anlage nicht nur zu erhalten, sondern zu erhöhen, d. h. durch die Instandsetzungen erhalten die Anlagen gegenüber dem Anschaffungswert (nicht gegenüber dem Restwert) einen höheren Wert oder gegenüber der ursprünglichen Nutzungsdauer (nicht gegenüber der Restnutzungsdauer) eine höhere technisch bedingte Lebensdauer. Das geschieht durch Umbau von Anlagen nach dem derzeitigen technischen Stand, Einbau neuer Geräte u. dgl. Es ist offensichtlich, daß solche Instandsetzungen gegenüber den laufenden Reparaturen einen anderen Charakter haben; sie beeinflussen die Anlagenrechnung. Dementsprechend ist auch die Verrechnung eine andere. Die Kostenbeträge werden in der Klasse 2 auf einem Konto für Großreparaturen gesammelt (abgegrenzt) und dann nach Abschluß der Instandsetzung auf dem Konto der entsprechenden Anlage aktiviert. Auf Grund der Veränderung des Wertes oder der Lebensdauer der Anlage ändert sich die Abschreibungsquote. Werterhöhende bzw. die Lebensdauer verlängernde Instandsetzungen gehen also nicht direkt, sondern über eine neue Kostenart — die Abschreibungen — in die Kostenartenrechnung ein. Die Weiterverrechnung erfolgt dann als Gemeinkosten.

d) Entwicklungs-, Entwurfs- und Versuchsaufträge

Innerhalb dieser Kostenart unterscheiden die LSP die Kosten für „freie" und „gebundene" Entwicklung. Dementsprechend ist auch eine Trennung in der Kostenartenrechnung notwendig. Die Leitsätze verlangen aber weiterhin gesonderte Kostennachweise für die einzelnen Entwicklungsaufgaben und bestimmen, daß Einzelheiten darüber gegebenenfalls im Einvernehmen mit dem Auftraggeber festzulegen sind. Allgemein dürfte eine Unterteilung der beiden Kostenarten-Konten „freie Entwicklung" und „gebundene Entwicklung" nach Erzeugnisgruppen, Erzeugnissen bzw. Aufträgen genügen. Das ist allerdings nur notwendig, wenn die genannten Objekte unterschiedliche Entwicklungskosten verursachen.

Entwicklungs-, Entwurfs- und Versuchskosten werden in der Betriebsbuchhaltung als Sondereinzel- bzw. Gruppenkosten verrechnet; auch in der Kalkulation sind sie, getrennt nach freier und gebundener Entwicklung, gesondert auszuweisen. Das geschieht unter den Sondereinzelkosten der Fertigung.

1. *Freie Entwicklung*

Unter freier Entwicklung ist die werkeigene Entwicklungs- und Forschungsarbeit zu verstehen, die aus freiem Ermessen und nach allgemeiner Notwendigkeit der Unternehmung durchgeführt und nicht vom öffentlichen Auftraggeber besonders veranlaßt wird (z. B. die allgemeine Stahlforschung der Stahlwerke). Obwohl diese Entwicklungsarbeiten nicht auf Veranlassung des öffentlichen Auftraggebers vorgenommen werden, kommen sie den öffentlichen Aufträgen indirekt zugute (z. B. durch die Qualität der Erzeugnisse). Es ist daher gerechtfertigt, daß die öffentlichen Aufträge — wie alle anderen Aufträge — mit angemessenen Teilbeträgen dieser Kosten belastet werden.

2. *Gebundene Entwicklung*

Darunter ist die vom öffentlichen Auftraggeber veranlaßte Entwicklung (Entwurfsarbeiten, Forschungen, Versuche und Herstellung von Probestücken) zu verstehen. Die Veranlassung muß direkt geschehen sein, d. h. durch einen schriftlichen Entwicklungs- oder Versuchsauftrag des Auftraggebers. Gebundene Entwicklung bedarf also ausdrücklicher Vereinbarung zwischen Auftraggeber und Auftragnehmer. Verursacht z. B. ein öffentlicher Auftrag zusätzliche Entwicklungsarbeiten, ist erst das Einverständnis des Auftraggebers einzuholen, bevor diese vorgenommen werden. Wird eine gebundene Entwicklung vereinbart, so sind die entstehenden Kosten dementsprechend dem öffentlichen Auftrag zuzurechnen. Die Höhe der Zurechnung auf den einzelnen Kostenträger wird davon abhängen, ob es sich um einen einmaligen Auftrag handelt oder ob auch spätere Aufträge mit einem entsprechenden Kostenanteil noch zu belasten sind.

e) **Fertigungsanlauf, Bauartänderungen**

Öffentliche Aufträge, die spezieller Natur sind und erstmalig in der Unternehmung ausgeführt werden, können schon aus ihrem Wesen heraus gewisse Anlaufkosten veranlassen, damit die Fertigung beginnen kann. Dazu gehören z. B. im Regelfall nicht vorkommende Stoffkosten, ferner Fertigungskosten durch amtliche Abnahme, Überstunden und Sonntagsarbeit durch das Anlaufen

I. Die Bestandteile des Selbstkostenpreises

einer neuartigen Fertigung, durch das Anlernen neuer Arbeitskräfte u. dgl. Aber auch Bauartänderungen können sich auf Grund eines neuen Fertigungsablaufes, speziell verwendeter Stoffe usw. ergeben. Bauartänderungen müssen jedoch vom Auftraggeber besonders veranlaßt werden.

Diese Anlauf- bzw. Bauartänderungskosten sind in der Betriebsbuchhaltung und in der Kalkulation gesondert auszuweisen, d. h. als Sondereinzelkosten der Fertigung zu behandeln.

f) Steuern, Gebühren, Beiträge

1. Steuern

Steuern werden einmal durch die betriebliche Wirtschaftstätigkeit an sich und zum anderen durch den Erfolg dieser Wirtschaftstätigkeit verursacht. Diese Unterscheidung ist von großer Bedeutung für den Kostencharakter von Steueraufwendungen. Die LSP unterscheiden dementsprechend in kalkulierbare und nichtkalkulierbare Steuern:

10. Kalkulierbare Steuern

    Steuern, die durch die betriebliche Wirtschaftstätigkeit an sich, ohne Beziehung zu einem evtl. Erfolg, veranlaßt werden, sind Kosten und dürfen den öffentlichen Aufträgen zugerechnet werden. Hinsichtlich des Ausweises dieser Steuerkosten ist jedoch noch eine Unterscheidung zu treffen:

100. als Gemeinkosten werden sog. Betriebssteuern (z. B. Gewerbe-, Vermögen-, Grund-, Kraftfahrzeug- und Beförderungsteuer) verrechnet. Die Verrechnung erfolgt durch ratenweise Verteilung auf die Abrechnungsperioden;

101. als Sonderkosten sind die Umsatzsteuer und auf dem Erzeugnis lastenden Verbrauchsteuern (z. B. Branntweinsteuer, Salzsteuer) zu verrechnen, d. h. in der Kalkulation sind diese Steuern gesondert auszuweisen. Sie rechnen zu den Sondereinzelkosten des Vertriebs.

11. Nicht kalkulierbare Steuern

    Hierzu gehören im wesentlichen die Personensteuern, z. B. Einkommen-, Kirchen-, Erbschaft- und Körperschaftsteuer, Notopfer Berlin.

    Diese Steuern sind keine Kosten und dürfen weder in die Kostenrechnung noch in die Kalkulation aufgenommen werden; sie sind bereits in der Klasse 2 des Kontenrahmens festzuhalten.

2. *Gebühren, Beiträge*

Unter Gebühren und Beiträgen verstehen die Leitsätze offenbar einen Kostenkomplex, der in den Gemeinschaftsrichtlinien für die Kosten- und Leistungsrechnung als „Abgaben, Gebühren u. dgl." bezeichnet wird. Für den Ansatz der Beträge in der Kostenrechnung ist folgende Unterscheidung wesentlich:

20. Gesetzliche Verpflichtungen

Die LSP nennen sie Pflichtgebühren und Pflichtbeiträge. Hierbei handelt es sich offensichtlich um die allgemeinen Abgaben und Gebühren für öffentliche Dienstleistungen (z. B. Gebühren für Müllabfuhr, Kanalisation, Straßenreinigung), die ähnlich wie die betriebsbedingten Steuern zu behandeln sind. Sie sind Gemeinkosten und dürfen in der gesamten Höhe anteilig auf die Perioden verrechnet werden, soweit sie betrieblichen Zwecken dienen.

21. Freiwillige Verpflichtungen

Die Leitsätze sprechen von Beiträgen und Zuwendungen an Vereinigungen und Körperschaften, die dem Betriebsinteresse dienen, aber nicht auf gesetzlicher Verpflichtung beruhen. Dabei ist z. B. an die Gebühren für Wirtschaftsverbände und Arbeitgeberverbände zu denken. Diese freiwilligen Verpflichtungen können nur in „angemessener" Höhe in die Kosten einbezogen werden. Die Angemessenheit wird jedoch nicht bestritten werden können, wenn die Gebühren und Beiträge in üblichem Rahmen liegen.

3. *Lastenausgleich*

Die Ausgleichsabgaben nach dem Lastenausgleichgesetz dürfen nicht als Kosten angesetzt werden.

g) Lizenzen, Patente und gewerblicher Rechtsschutz

Der Kostencharakter von Ausgaben für Lizenzen, Patente und anderen gewerblichen Rechtsschutz (z. B. Gebrauchsmuster) wird durch die LSP grundsätzlich anerkannt, jedoch ist zu erkennen, daß die öffentlichen Aufträge nur mit den der Beanspruchung angemessenen Kostenbeträgen belastet werden sollen.

Die anzusetzenden Lizenzgebühren sollen in einem angemessenen Verhältnis zu Umsatzmenge und Verkaufspreis der Leistungen stehen. Demnach wären die Ausgaben für Lizenzen abzugrenzen und die Kostenrechnung nur mit den Teilbeträgen zu belasten, die den Umsatzmengen oder den Verkaufspreisen der Leistungen für öffentliche Aufträge im Verhältnis zu den bei gesamter Lizenzdauer erwarteten Umsatzmengen bzw. Verkaufspreisen zugemutet werden können.

Bei Fremdpatenten können die Ausgaben in der Klasse 0 aktiviert oder in der Klasse 2 abgegrenzt und dann der Nutzungsdauer entsprechend abgeschrieben werden. Die erste Möglichkeit wird vorzuziehen sein, besonders wenn es sich um Patente längerer Laufzeit handelt. Eigenpatente wären in gleicher Weise zu behandeln; hier müßten die Herstellkosten aktiviert werden.

Betreffen die Kosten für Lizenzen, Patente und anderen gewerblichen Rechtsschutz nur ganz bestimmte Erzeugnisse oder Erzeugnisgruppen, so sind sie in der Kalkulation als Sonderkosten hervorzuheben. Andere Erzeugnisse dürfen mit den Kosten nicht belastet werden.

h) Mieten, Büro-, Werbe-, Transportkosten und dgl.

Über den Charakter und die Verrechnung dieser Kostenarten bringen die Leitsätze keine besonderen Bestimmungen, vielmehr wird auf vorhergehende Ausführungen über andere Kostenarten verwiesen, die analog anzuwenden sind. Danach ist Voraussetzung, daß die hier verbuchten Aufwendungen Kostencharakter haben und nur diejenigen Kosten anzusetzen sind, die bei wirtschaftlicher Betriebsführung zur Erstellung der Leistung entstehen.

Im einzelnen umschließt die Kostenartengruppe u. a. folgende Kostenarten:

1. die Mieten, Pachten u. dgl. für Betriebs- und Geschäftsräume, Grundstücke, Gebäude, Anlagen, Maschinen und sonstige Geräte;
2. die Bürokosten, die alle für die Aufrechterhaltung der laufenden Büroarbeit anfallenden Ausgaben für Bürobedarfs-

mittel, Organisationsmittel, Zeitungen, Zeitschriften u. dgl. enthalten;
3. die Werbe- und Repräsentationskosten. Dazu gehören Kosten für die allgemeine Werbung (z. B. Prospekte, Drucksachen, Anzeigen), für Messen und Ausstellungen, für den Kundendienst u. dgl.;
4. die Transportkosten (Verkehrskosten). Hier wird man zweckmäßig nur die Kosten buchen, die einzelnen Gütern, Aufträgen u. dgl. nicht direkt zugerechnet werden können, z. B. werden Eingangsfrachten zu Lasten der Stoffkosten (Beschaffungskosten) und Ausgangsfrachten innerhalb der Versandkosten verbucht. Reisekosten gehören jedoch zu den Verkehrskosten;
5. die Kosten des Zahlungsverkehrs, auch Finanzspesen genannt, die Bankspesen, Postscheckvordrucke, Überweisungen u. dgl. erfassen.

Zu den genannten Beispielen können noch andere Kostenarten, die betriebs- bzw. branchenbedingt sind, hinzutreten. Dabei ist die Benennung der einzelnen Kostenarten abhängig von der Tiefe, mit der die Kostenartenrechnung gegliedert wird. Bereits an diesen Beispielen ist ersichtlich, daß diese Kostenartengruppe erhebliche Kostensummen beinhalten kann. Deshalb wird auch hier besonders die Kostenprüfung ansetzen, wenn festgestellt werden soll, ob bestimmte Kostenelemente (z. B. Werbe-, Repräsentationskosten) unter dem Gesichtspunkt wirtschaftlicher Betriebsführung hinsichtlich der Höhe vertretbar sind. Die Verrechnung erfolgt grundsätzlich als Gemeinkosten.

i) Vertriebssonderkosten

1. Vertreterprovisionen

Das Betreben der LSP, im Selbstkostenpreis nur solche Kostenarten anzuerkennen, die durch den öffentlichen Auftrag verursacht werden (Verursachungsprinzip), kommt vor allem bei den Vertreterprovisionen zum Ausdruck. Diese dürfen nur dann in voller Höhe berücksichtigt werden, wenn die Mitarbeit der Handelsvertreter beim Abschluß und bei der Abwicklung des öffentlichen Auftrages notwendig war und wenn außerdem die Höhe der Kosten als angemessen anzusehen ist. Die Absatzverhältnisse des Auftragnehmers sollen gebührend berücksichtigt werden. Besonders bei Unternehmen, deren Vertriebsorganisation sich durch starke Inanspruchnahme von Vertretern auszeichnet, wird dieser Tatbestand Berücksichtigung finden müssen. In allen anderen Fällen gestatten jedoch die Leitsätze die Verrechnung angemessener Abschläge. Im übrigen soll der öffentliche Auftraggeber dadurch geschützt werden, daß die Provisionen und ähnliche Vergütungen durch eine Vereinbarung zwischen den Vertragspartnern begrenzt werden können.

In der Betriebsbuchhaltung und Kalkulation sind die Vertreterprovisionen stets als Sondereinzelkosten des Vertriebs zu führen bzw. gesondert auszuweisen.

2. *Versandkosten*

Hierzu gehören die für den Versand anfallenden Ausgangsfrachten, Rollgelder, Transportleistungen des eigenen Fuhrparks für den Versand, Transportversicherung, Ausgangszölle, Ausgangsverpackungen u. dgl. Der Umfang der Kosten wird sich nach den vereinbarten Liefer- und Versandbedingungen bemessen.

Versandkosten sind grundsätzlich in der Kalkulation gesondert auszuweisen. Sie zählen zu den Sondereinzelkosten des Vertriebes. Die Leitsätze erwähnen jedoch die Möglichkeit, eine andere Art der Verrechnung in den Kosten vorzunehmen, wenn dies aus Gründen der Wirtschaftlichkeit der Rechnungsführung nötig ist. Das könnte bei Anwendung der Divisionsrechnung der Fall sein.

k) Kalkulatorische Abschreibungen

Das Wesen des Kostenpreises nach den Leitsätzen wird besonders deutlich durch den Ansatz der sog. kalkulatorischen Kosten (besser: kalkulatorische Posten, um einen Pleonasmus zu vermeiden, denn Kosten sind immer kalkulatorischer Natur). Es handelt sich einmal um Kosten, denen ein unterschiedlicher Aufwand gegenübersteht (aufwandsungleiche Kosten oder Anderskosten) und zum anderen um Kosten, denen überhaupt kein Aufwand zugrunde liegt (aufwandslose Kosten oder Zusatzkosten).

Die Abschreibungen, als erster kalkulatorischer Posten, sind die Kosten der Wertminderung betriebsnotwendiger Anlagegüter. Sie unterscheiden sich grundsätzlich von den Abschreibungen nach Handels- und Steuerrecht in der Jahreserfolgsrechnung und bedürfen einer besonderen Ermittlung. Kalkulatorische Abschreibungen sind verbrauchsbedingte Abschreibungen.

Ausgangsbasis für die kalkulatorischen Abschreibungen sind die betriebsnotwendigen Anlagengüter, d. h. die Anlagen, die zur Erstellung der Betriebsleistung notwendig sind (vgl. die Ausführungen über die Ermittlung des betriebsnotwendigen Kapitals S. 68 ff.). Diese zur Erstellung der Betriebsleistung notwendigen Anlagengüter werden im Produktionsprozeß von den Leistungen genutzt, und sie gehen durch diese Nutzung mit ihrem Wert in den Wert der Leistungen ein. Abschreibung bedeutet also Verteilung des Anlagenwertes auf die Leistungen entsprechend der Beanspruchung der Anlagen durch die Leistungen.

Eine direkte Zuordnung der Abschreibungskosten auf die Einzelleistungen ist nur möglich, wenn die Gesamtleistung einer Anlage in Leistungseinheiten, z. B. in Stück, Tonnen, kg usw., abgeschätzt werden kann. In allen anderen Fällen erfolgt die Zuordnung indirekt über die Zeitdauer der Anlagennutzung und über die Stellenrechnung. Beide Möglichkeiten sind von den LSP vorgesehen. Wichtig ist aber jeweils, daß die Verrechnung entsprechend der voraussichtlichen Gesamtnutzungsmöglichkeit vorgenommen wird, denn die Teilleistungen sollen nur den Abschreibungsbetrag tragen, der ihnen im Verhältnis zur Gesamtnutzung zukommt. Für den Umfang der Gesamtnutzung ist die erfahrungsgemäße Lebensdauer der Anlagen oder ihre geschätzte Leistungsmenge unter Berücksichtigung der üblichen technischen Leistungsfähigkeit maßgebend. Soll der Abschreibungsbetrag für bereits genutzte Anlagen festgestellt werden und ist die bisherige Nutzung nicht einwandfrei festzustellen, so kann man den kalkulatorischen Restwert als Ausgangswert der Abschreibung schätzen. Der Abschreibungsbetrag (Abschreibungsquote) pro Leistungs- bzw. Zeiteinheit ergibt sich dann durch Division des Anlagenwertes (Abschreibungssumme) durch die Gesamtnutzung (Abschreibungszeitraum).

Die Nutzungsdauer der Anlagen muß, wie erwähnt, im Einzelfall geschätzt werden. Um hier aber einen Eindruck von dem Umfang kalkulatorischer Abschreibungen zu vermitteln, sei ein Auszug aus einer Tabelle von Abschreibungssätzen wiedergegeben, die erstmalig 1930 vom Verband Deutscher Maschinenbau-Anstalten (VDMA) veröffentlicht und nach ihrer Bewährung in der Praxis 1938 von der damaligen Wirtschaftsgruppe Maschinenbau übernommen wurde[5].

---

[5] Eine vollständige Wiedergabe der Tabelle findet sich in: *Kosiol*, Erich: Anlagenrechnung und Abschreibungen, 2. Aufl., Wiesbaden 1954

I. Die Bestandteile des Selbstkostenpreises

Gebäude	Nutzungsdauer Jahre	Abschreibungssatz in %
Bürogebäude und Gebäude für Kasino und Speiseanstalt, massiv	50—25	2—4
Gebäude für Abort-, Wasch- und sanitäre Anlagen	40—25	2,5—4
Einrichtungen in Vorstehendem	10—5	10—20
Fabrikgebäude, massiv	40—20	2,5—5
Fabrikgebäude, massiv, bei starker Erschütterung	25—17	4—6
Fabrikgebäude aus Fachwerk	30—17	3,3—6
Fabrikgebäude aus Fachwerk, bei starker Erschütterung	12—10	8—10
Fabrikgebäude aus Holz	20—10	5—10
Gießereigebäude	25—17	4—6
Kesseleinmauerungen	8—5	12—20
Schornsteine aus Blech	8—5	12—20
Hochbehälter	20—10	5—10
Bunker	10—5	10—20
Lagergebäude, massiv	50—25	2—4
Lagergebäude aus Holz	20—12	5—8
Lagergebäude aus Fachwerk	33—20	3—5
Schuppen aus Holz	10—5	10—20
Schuppen aus Wellblech	10—5	10—20
Werkswohnungen, massiv, einfach	50—30	2—3,3
Werkswohnungen aus Fachwerk	30—25	3,3—4
Drehbänke		
Drehbänke	15—10	7—10
Präzisions- und Spezialdrehbänke	6—3	17—33
Automaten	7—5	14—20
Revolverdrehbänke	12—8	8—12
Vielstahldrehbänke	12—8	8—12
Gewindeschneidmaschinen	10—7	10—14

Der große Einfluß, den das Maß der Lebensdauer (im weitesten Sinne) auf die Abschreibungsquote hat, veranlaßt die Leitsätze zu fordern, daß die Schätzung der Nutzungsdauer in regelmäßigen Zeitabständen zu prüfen ist und die dabei festgestellten Mehr- oder Minderabschreibungen in einer Abschreibungswagnisrechnung zu berücksichtigen sind. Damit werden von den Leitsätzen auch Abschreibungen über den ursprünglichen Abschreibungsbetrag hinaus ermöglicht. Dieser Fall wird eintreten, wenn Anlagen länger als in der betriebsgewöhnlichen Nutzungsdauer vorgesehen beansprucht werden. Voraussetzung ist, daß die Mehrabschreibungen über den Nullwert der Anlagen hinaus dazu dienen, Minderabschreibungen von anderen vorzeitig ausgefallenen Anlagen auszugleichen. Der Ausgleich wird über eine Abschreibungswagnisrechnung erstrebt, die als Gegenkonto der kalkulatorischen Abschreibungen die Mehrabschreibungen aufnimmt und andererseits mit den kalkulatorischen Restwerten der vorzeitig ausgefallenen Anlagen belastet wird; eine Trennung der Abschreibungswagnisrechnung nach Kostenträgergruppen ist notwendig. Die Vertragspartner können jedoch auch von den Bestimmungen abweichende Regelungen vereinbaren.

Die der Leistungs- bzw. Zeiteinheit angemessen zu belastende Abschreibungsquote ist in ihrer Höhe nicht nur von der Genauigkeit der Nutzdauerschätzung, sondern auch von dem Wertansatz für die Abschreibungssumme abhängig. Daher sind die Bewertungsgrundsätze für Anlagen von großer Bedeutung für den Abschreibungssatz.

Die LSP ermöglichen dem Betrieb, sich für einen von mehreren genannten Bewertungsgrundsätzen zu entscheiden, verlangen jedoch, daß der einmal gewählte Grundsatz der Bewertung einheitlich und stetig angewandt wird. Zunächst kann der Betrieb die übliche Bewertungsweise anwenden, daß die Anlagen bei Fremderstellung mit dem Anschaffungspreis und bei Eigenerstellung mit den Herstellkosten angesetzt werden. Die bei der Erstellung und Ingangsetzung der Anlage entstehenden Kosten (z. B. Fundament-, Montage-, Anlaufkosten) sind in die Abschreibungssumme einzubeziehen.

Neben dem Anschaffungswertprinzip kann der Betrieb eine Bewertung zu Wiederbeschaffungspreisen (Tageswertprinzip) anwenden. Voraussetzung ist allerdings, daß zwischen Anschaffungs- und Tageswert eine erhebliche und dauernde Differenz besteht. Die gewählten Stichtage für den Tageswert lehnen sich an die Bestimmungen des DM-Bilanzgesetzes für die Neubewertung von Anlagen an. Wurde die Anlage vor der Währungsreform angeschafft, so sind die Wiederbeschaffungspreise für den 30. August 1948 und für den 30. August 1949 festzustellen und der niedrigere von beiden als Abschreibungssumme zu bestimmen. (Zum Vergleich sei auf § 18 des DM-Bilanzgesetzes vom 21. August 1949 verwiesen). Bei vor der Währungsreform selbst erstellten Anlagen werden entsprechend die Herstellkosten für die Neuanfertigung einer gleich leistungsfähigen Anlage für die gleichen Zeitpunkte festgestellt und ebenfalls die niedrigeren Herstellkosten von beiden Zeitpunkten angesetzt. Für Berlin gelten bei der Feststellung des Wiederbeschaffungspreises bzw. der Herstellkosten für eine Neuanfertigung insofern andere Voraussetzungen, als hier nur ein Stichtag, nämlich der 30. August 1949 für die Bewertung maßgebend ist. Dieser Unter-

I. Die Bestandteile des Selbstkostenpreises

schied erklärt sich aus § 18 des Berliner DM-Bilanzgesetzes vom 12. August 1950.

Die nach der Währungsreform angeschafften Anlagen werden bei Wahl des Tageswertprinzips mit dem Wiederbeschaffungspreis — bezogen auf den Tag der Preisermittlung — angesetzt. Demnach werden die Wiederbeschaffungspreise der Anlagen bei Vereinbarung eines Selbstkostenfestpreises auf den Tag der Vorkalkulation (bzw. Zwischenkalkulation bei der Umwandlung des Selbstkostenrichtpreises) und bei Vereinbarung eines Selbstkostenerstattungspreises auf den Tag der Nachkalkulation abgestellt.

Wird für die Bewertung der Anlagen das Tageswertprinzip angewendet, so sind noch folgende Bestimmungen zu beachten. Zunächst gewähren die LSP die Möglichkeit, den niedrigeren der beiden festzustellenden Wiederbeschaffungspreise in der Weise festzustellen, daß dieser ausgehend vom höheren Wert geschätzt wird, wenn keine Unterlagen für den niedrigeren Wert vorliegen. Dann verlangen die Leitsätze aber, daß die festgestellten Wiederbeschaffungspreise zu berichtigen sind, wenn die bewerteten, der Nutzung unterliegenden Anlagegüter gegenüber den wiederzubeschaffenden Anlagen gleicher Leistungsfähigkeit eine geringere Wirtschaftlichkeit besitzen. Hier wird man angemessene Abschläge berechnen oder schätzen müssen. Vor allem ist es notwendig, daß über die Feststellung des Wiederbeschaffungspreises, auch speziell über die Berechnung der erwähnten Abschläge zur Berichtigung des Wiederbeschaffungswertes, Aufzeichnungen in der Anlagenbuchhaltung bzw. Anlagenkartei festgehalten werden, da der öffentliche Auftraggeber jederzeit vom Auftragnehmer den Nachweis der Feststellungen verlangen kann.

Die LSP fordern weiterhin, daß für alle Anlagen — und zwar für jede Anlage bzw. Anlagengruppe einzeln — ein Nachweis zu führen ist, aus dem alle für die Abschreibungen notwendigen Angaben, insbesondere die Ausgangswerte, die geschätzte Gesamtnutzung, die bisherige Nutzung, der Abschreibungsbetrag je Zeit- bzw. Leistungseinheit und der kalkulatorische Restwert zu ersehen sind. Für diesen Anlagennachweis wird eine Anlagenkartei unter Verwendung der AWF-Maschinen-Kostenkarte die zweckmäßigste Form sein.

Die bisherigen Darlegungen galten den Regelabschreibungen, denen der Verschleiß der Anlagen (z. B. bei Maschinen) oder der Fristablauf (z. B. bei Patenten, Lizenzen) zugrunde liegen. Dabei sei erwähnt, daß es sich neben dem abnutzungsbedingten Verschleiß auch um einen natürlichen Verschleiß durch Einflüsse von Wetter, Klima u. dgl. handeln kann. Neben diesen regelmäßigen Verschleißabschreibungen sehen die Leitsätze die Möglichkeit von Sonderabschreibungen vor. Diese Sonderabschreibungen ermöglichen, die Abschreibungsquoten zu erhöhen, wenn durch die voraussehbare technische Entwicklung, durch eine Bedarfsverschiebung oder durch einen anderen Anlaß (z. B. Modewechsel und Geschmacksänderung) die wirtschaftliche Nutzungszeit der Anlagen gemindert wird. Es handelt sich dabei gleichfalls um eine wirtschaftliche Abnutzung, und zwar durch technisch-wirtschaftliche Überholung (Veraltung) der Anlagen. Sonderabschreibungen können auch aus Gründen des Zeit- oder Fristablaufs notwendig werden (z. B. vorzeitiger Ablauf einer Konzession oder eines anderen Rechtes). Solche Sonderabschreibungen (auch Schnellabschreibungen genannt) sind aber nur zulässig, wenn sie mit dem Auftraggeber ausdrücklich vereinbart werden; sie müssen in der Kalkulation gesondert ausgewiesen werden.

Die ermittelten kalkulatorischen Abschreibungen werden in die Kostenartenrechnung aufgenommen und über die Kostenstellen weiterverrechnet. Dabei sind die Kostenstellen mit den ihren Anlagen entsprechenden Abschreibungsbeträgen zu belasten. Die Abschreibungsaufwendungen (Abschreibungen der Jahresrechnung), auch bilanzielle Abschreibungen oder Finanzabschreibungen genannt, werden in der Klasse 2 als neutraler Aufwand abgegrenzt und finden Eingang in die Jahres-G. u. V.-Rechnung.

l) Kalkulatorische Zinsen

Während die LSÖ die kalkulatorischen Zinsen in den kalkulatorischen Gewinn einbezogen, sind diese nach den LSP nunmehr — was richtiger ist — Bestandteil der Kostenrechnung. Das Wesen der kalkulatorischen Zinsen besteht darin, daß unabhängig von den tatsächlich gezahlten Zinsaufwendungen für das gesamte (im Hinblick auf die Unterscheidung in Eigen- und Fremdkapital), aber betriebsnotwendige Kapital Zinsen verrechnet werden können. Die für das Fremdkapital tatsächlich entstandenen Zinsaufwendungen (Bank-, Hypotheken-, Schuldwechsel- und Darlehnszinsen, Bankprovisionen, Diskont, Damnum, Disagio u. dgl.) werden als neutraler Aufwand in der Klasse 2 der Buchhaltung aufgefangen und in der

I. Die Bestandteile des Selbstkostenpreises

Jahreserfolgsrechnung abgerechnet, soweit sie nicht als Finanzkosten bereits verbucht wurden.

Da zwar das gesamte, aber nur betriebnotwendige Kapital verzinst werden darf, hängt die Ermittlung und Verrechnung der Zinsen weitgehend von der Frage der Ermittlung des betriebsnotwendigen Kapitals ab. Vgl. hierzu den besonderen Abschnitt: „Die Ermittlung des betriebsnotwendigen Kapitals", S. 68 ff.

Von ebenso großer Bedeutung ist die Höhe des Zinssatzes, mit dem das betriebsnotwendige Kapital verzinst werden darf. Während für die LSÖ-Kalkulation durch besondere Bekanntmachung eine feste Größe als Hundertsatz für die Bemessung der kalkulatorischen Zinsen festgelegt wurde (4,5 %), ist nach den LSP nur die Festsetzung eines festen Zuschlagsatzes zu erwarten, der dem jeweiligen Diskontsatz der Landeszentralbanken hinzuzufügen ist. Diskontsatz der Landeszentralbanken plus Zuschlagsatz ergeben dann den Zinssatz, der der Verrechnung kalkulatorischer Zinsen zugrunde gelegt werden darf. Durch die Bindung des kalkulatorischen Zinssatzes an den Diskontsatz der Landeszentralbanken ist eine Anpassung des kalkulatorischen Zinses an die Entwicklung des Marktzinses ermöglicht worden.

Aus der Multiplikation des betriebsnotwendigen Kapitals mit dem kalkulatorischen Zinssatz ergeben sich die Zinskosten. Nach den Leitsätzen sind die kalkulatorischen Zinsen in der Betriebsrechnung gesondert auszuweisen. Das geschieht zunächst in der Kostenartenrechnung auf besonderen Konten. Für die weitere Verrechnung bis zum Kostenträger gibt es jedoch mehrere Verfahren. Die gröbste, aber rechnerisch einfachste Methode verrechnet die Zinsen mit einem summarischen Zuschlag auf die Selbstkosten bzw. Herstellkosten der Kostenträger, ohne die Stellenrechnung zu beanspruchen. Der summarische Zuschlag beruht auf der vorherigen Errechnung der Relation Zinskosten: Selbstkosten (bzw. Herstellkosten).

In der Regel werden die Zinskosten jedoch über die Kostenstellenrechnung geführt. Die Zinsen für das im Anlagevermögen investierte Kapital werden denjenigen Kostenstellen zugerechnet, in denen die Anlagen genutzt werden, während die Zinsen für das im Umlaufvermögen investierte Kapital grundsätzlich den Kostenbereichen zugerechnet werden, in denen es umläuft. Danach gehören die Zinsen für Fertigungs-, Hilfs- und Betriebsstoffe in den Materialbereich, die Zinsen für Halbfabrikate in den Fertigungsbereich und die Zinsen für Fertigfabrikate in den Vertriebsbereich. Die Zinsen für Forderungen werden dem Vertriebsbereich und für das übrige Umlaufvermögen (einschl. der Abgrenzungsposten) dem Verwaltungs- oder Allgemeinen Bereich zugerechnet.

Nebenerträge aus Teilen des betriebsnotwendigen Kapitals (z. B. Zinsen, Mieten, Pachten) sind nach den LSP als Gutschriften zu behandeln. Diese Erträge aus betriebsnotwendigen Kapitalteilen werden innerhalb des Verwaltungsbereiches durch Berichtigung berücksichtigt.

m) Kalkulatorische Einzelwagnisse

Unter Wagnis oder Risiko verstehen die Leitsätze die Verlustgefahr, die sich aus der Natur des Unternehmens und seiner betrieblichen Tätigkeit ergibt. Damit sind alle mit dem Wirtschaftsgeschehen unvermeidbar verbundenen Gefahren und Bedrohungen zu verstehen, die sich in der Vernichtung von Gütern auswirken und somit einen Güterverzehr darstellen.

Hinsichtlich der Anerkennung des Kostencharakters von Wagnissen schließen sich die Leitsätze den Regelungen der bisherigen Kostenvorschriften an und trennen grundsätzlich das allgemeine Unternehmerwagnis von den Einzelwagnissen.

Das allgemeine Unternehmerwagnis (besser: Unternehmungswagnis) betrifft das Unternehmen als Ganzes und liegt in der Eigenart des Unternehmens, in dessen wirtschaftlicher Tätigkeit als solcher oder in den besonderen Bedingungen des Wirtschaftszweiges begründet. Hierzu gehört z. B. das allgemeine Risiko, das mit der Gründung einer Unternehmung an sich, mit der Einführung einer neuen Produktion u. dgl. verbunden ist. Dieses allgemeine Unternehmerwagnis wird im kalkulatorischen Gewinn abgegolten. Es darf nicht als Kosten angesetzt werden.

Soweit jedoch Verlustgefahren mit der Leistungserstellung in den einzelnen Tätigkeitsgebieten des Betriebes verbunden sind, ist ihre Berücksichtigung in den Kosten gestattet. Für diese sog. Einzelwagnisse können kalkulatorische Posten (Wagniskosten oder auch Wagnisprämien genannt) in der Kostenrechnung angesetzt werden. Betriebsfremde Wagnisse finden in der Kostenrechnung keine Berücksichtigung.

I. Die Bestandteile des Selbstkostenpreises

Zu den Einzelwagnissen gehören folgende Hauptarten:
1. das Beständewagnis: Verluste an den Vorräten der Stoff- und Erzeugnisselager, z. B. durch Schwund, Veralten, Güteminderung, technischen Fortschritt (soweit nicht in den Abschreibungen berücksichtigt), Preissenkung u. dgl.;
2. das Fertigungswagnis, unterschieden nach den Untergruppen: Mehrkostenwagnis (ungewöhnliche Mehrkosten infolge von Arbeits- und Konstruktionsfehlern, z. B. bei Ausschuß, Nacharbeit, Ersatzlieferung, soweit sie nicht schon außerhalb der Wagnisverrechnung als Kosten behandelt werden), Gewährleistungswagnis (Nacharbeiten an bereits gelieferten Erzeugnissen, kostenlose Ersatzlieferungen sowie Gutschriften auf Grund von Garantieverpflichtungen gegenüber Kunden), Anlagenwagnis (Schäden an Anlagegütern einmaliger und außergewöhnlicher Art, z. B. durch Betriebs- und Verkehrsunglücke, Katastrophen wie Brand, Überschwemmungen u. dgl.);
3. das Entwicklungswagnis: Kosten für fehlgeschlagene Entwicklungs- bzw. Forschungsarbeiten, Konstruktionen, Versuche u. dgl., soweit diese Kosten nicht bereits an anderer Stelle verrechnet wurden;
4. das Vertriebswagnis: Zahlungsausfälle, Kulanznachlässe und Währungsverluste gegenüber Kunden;
5. sonstige Wagnisse: besondere, dem Betrieb oder Wirtschaftszweig eigenartige Wagnisse, die über die obigen Einzelwagnisse (1—4) hinausgehen z. B. bei der Herstellung, Lagerung und Beförderung von Explosivstoffen.

Da betriebsfremde Wagnisse in der Kostenrechnung nicht zu berücksichtigen sind, müssen alle Tätigkeitsbereiche, in denen Wagnisse auftreten, daraufhin geprüft werden, ob sie betriebsnotwendig d. h. leistungsnotwendig sind. Wagnisse in betriebsfremden Tätigkeitsbereichen haben neutralen Charakter.

Hat die Prüfung der Wagnisse ergeben, daß der Kostencharakter zu bejahen ist und diese dementsprechend als Kosten verrechnet werden dürfen, so ist hinsichtlich der Verrechnung eine weitere Unterscheidung sehr wesentlich: die Unterscheidung von fremdversicherten und selbstversicherten Wagnissen.

1. Die fremdversicherten Wagnisse sind solche Wagnisse, für die auf Grund eines Versicherungsvertrages mit einem Versiche-

rungsunternehmen Prämien gezahlt werden. Das Risiko wird auf das Versicherungsunternehmen abgewälzt. Die gezahlten Prämien (z. B. für die Feuer-, Maschinenbruch-, Transport-, Kursverlust-, Haftpflichtversicherung) gehen — soweit sie sich auf leistungsbedingte Objekte beziehen — bereits in die Kostenartenrechnung als aufwandsgleiche Kosten ein und finden dementsprechend innerhalb der Verrechnung kalkulatorischer Einzelwagnisse keine Berücksichtigung mehr.

2. Die selbstversicherten Wagnisse umschließen damit den eigentlichen Bereich der Verrechnung von kalkulatorischen Einzelwagnissen. Man spricht von Selbstversicherung, da der Gefahrenausgleich innerhalb des Betriebes selbst vorgenommen wird. Die aperiodisch und stoßweise auftretenden tatsächlichen Wagnisaufwendungen bei Schäden und Verlusten werden durch periodisch gleichmäßige, kalkulatorisch angesetzte Wagnisprämien (-kosten) ausgeglichen. Diese kalkulatorischen Prämien werden für alle Wagnisse angesetzt, die nicht durch Fremdversicherung gedeckt sind oder nicht bereits in anderen Kostenarten durch Ansatz berücksichtigt wurden.

Da die kalkulatorischen Wagnisprämien über längere Zeiträume hinweg die aperiodisch anfallenden Wagnisaufwendungen ausgleichen sollen, kann bei der Ermittlung der kalkulatorischen Sätze für Einzelwagnisse nur von den tatsächlich eingetretenen Verlusten durch Wagnisse ausgegangen werden. Stehen den Wagnisverlusten Wagnisgewinne gegenüber (z. B. Kursgewinn, nachträglicher Eingang abgeschriebener Forderungen, Preiserhöhung der Vorräte u. dgl.), so sind diese aufzurechnen. Die auszugleichenden zukünftigen Schadensfälle sind allerdings nicht übersehbar, so daß die Ermittlung von Vergangenheitsgrößen ausgehen muß, aber unter Berücksichtigung der tatsächlichen Gefahrenlage im laufenden Rechnungsabschnitt. Dabei soll für die Bemessung der Wagniskosten ein der Art des Wagnisses entsprechend hinreichend langer, möglichst mehrjähriger Zeitabschnitt zugrunde gelegt werden (in der Regel 5 Jahre). Maßgebend für den Zeitabschnitt wird die durchschnittliche Schwankungsbreite des Anfalls von Verlusten sein. Stehen keine Vergangenheitswerte zur Verfügung (z. B. bei Gründung der Unternehmung), so müssen die kalkulatorischen Wagnisposten sorgfältig geschätzt werden. Bei der Schätzung wird man

I. Die Bestandteile des Selbstkostenpreises 57

sich zweckmäßigerweise branchenüblicher Erfahrungswerte bedienen.

Die Wagniszuschläge können als Prozentsätze auf das Fertigungsmaterial, die Fertigungslöhne, die Fertigungskosten oder meist auf die Herstellkosten bezogen werden, doch kann der Wagniszuschlag auch als fester Satz, der dem Durchschnitt der im Bezugszeitabschnitt eingetretenen Wagnisse entspricht, ausgedrückt werden.

Bei der Verrechnung der Wagniskosten geht man von der Voraussetzung aus, daß die Kostenträger die von ihnen verursachten Wagniskosten tragen müssen. Daher sind die Wagniskosten nach Wagnisarten und Kostenträgergruppen getrennt zu ermitteln und auszugleichen. Dementsprechend ist bereits in der Kostenartenrechnung zu gliedern. Die weitere Verrechnung auf die Kostenträger kann unterschiedlich sein. Grundsätzlich gehören Wagniskosten in die Kostenbereiche, in denen sie verursacht wurden; doch kann auch ein besonderer Wagnisbereich gebildet werden. Weiterhin können die Wagniskosten als Gruppenkosten den Kostenträgern zugerechnet werden. Klein- und Mittelbetriebe können die Erfassung, Gliederung und Verrechnung der Wagniskosten vereinfachen, wenn die Wirtschaftlichkeit des Rechnungswesens dies erfordert. Die Vereinfachung kann bei entsprechenden Verhältnissen in Kleinbetrieben bis zur Erfassung eines Postens „Wagniskosten" und bis zur Verrechnung als Gemeinkosten gehen. Mittelbetriebe sollen jedoch mindestens die Wagniskosten nach Kostenträgergruppen aufteilen.

Zuletzt bestimmen die Leitsätze, daß die eingetretenen Wagnisverluste und Wagnisgewinne sowie die verrechneten kalkulatorischen Wagnisprämien unter Abstimmung mit der Buchführung laufend nachgewiesen werden müssen. Hierzu wird eine tabellarische Nebenrechnung, nach Wagnisarten und Kostenträgergruppen unterteilt, am zweckmäßigsten sein. Der Auftraggeber kann weiterhin nach Vereinbarung mit dem Austragnehmer den Ansatz und damit die Anerkennung einzelner Wagniskosten von einem besonderen Nachweis abhängig machen.

n) Kalkulatorischer Unternehmerlohn

Der kalkulatorische Unternehmerlohn wird von den Leitsätzen nicht von vornherein bei den kalkulatorischen Posten, sondern unter der Kostenartengruppe „Löhne, Gehälter und andere Personalkosten" aufgeführt. Unter Nr. 22, Abs. 2 der LSP findet sich jedoch der Hinweis, daß der kalkulatorische Unternehmerlohn auch unter den kalkulatorischen Kostenarten ausgewiesen werden kann. Die durch die völlige Einbeziehung des kalkulatorischen Unternehmerlohns in die Personalkosten zum Ausdruck gebrachte Gleichstellung der Posten ist zwar anzuerkennen, die zweite Verfahrensweise — Ausweis unter den kalkulatorischen Posten — wird hier jedoch als zweckmäßiger erachtet.

Der kalkulatorische Unternehmerlohn ist das Entgelt für die leitende Tätigkeit der Unternehmer, die ohne feste Entlohnung sind. Das ist der Fall bei Einzelkaufleuten und Gesellschafter-Geschäftsführern in Personalgesellschaften, während bei Kapitalgesellschaften und anderen Unternehmungen in der Form der juristischen Person auch die Gesellschafter mit Unternehmerfunktion ein festes Gehalt beziehen. Arbeiten Angehörige des oder der Unternehmer(s) in der Unternehmung ohne feste Entlohnung mit, so kann auch für diese ein ihrer Tätigkeit entsprechendes Entgelt kalkulatorisch verrechnet werden. Damit ist eine kostenmäßige Gleichstellung aller Unternehmungen erreicht.

Diese Berücksichtigung gleicher kostenmäßiger Voraussetzungen bei allen Unternehmungen hat aber auch zur Folge, daß der Unternehmerlohn bei Einzelkaufleuten und Personalgesellschaften nicht höher angesetzt werden darf als bei anderen Unternehmen. Hinsichtlich der Bemessung des kalkulatorischen Unternehmerlohnes bestimmen daher die Leitsätze, daß dieser unabhängig von den tatsächlichen Entnahmen des Unternehmers in der Höhe des durchschnittlichen Gehalts eines Angestellten mit gleichwertiger Tätigkeit in einem Unternehmen gleichen Standorts, gleichen Geschäftszweiges und gleicher Bedeutung angesetzt werden darf. Auch ein anderer objektiver Leistungsmaßstab kann zur Hilfe herangezogen werden. Unabhängig von dem gewählten Bemessungsmaßstab ist weiterhin die Größe des Betriebes, der Umsatz und die Zahl der in ihm tätigen Unternehmer zu berücksichtigen.

Die Anzahl der zu berücksichtigenden Faktoren bei der Bemessung des Unternehmerlohnes — ohne nähere Hinweise der Leitsätze — zeigt bereits die Kompliziertheit dieser Frage. Damit werden sich die gleichen Probleme wie bei den LSÖ ergeben, während deren Geltungsdauer mehrere Versuche gemacht wurden, den kalkulatorischen Unternehmerlohn mit Hilfe einer Formel oder einer

I. Die Bestandteile des Selbstkostenpreises

gleitenden Tabelle zu ermitteln. Am bekanntesten ist die Lösung der 2. Durchführungsverordnung vom 13. Mai 1940 zur Anordnung über die Regelung der Preise für Seife und Waschmittel geworden. Hiernach erfolgte die Berechnung nach der Formel:

$$\text{Unternehmerlohn} = 18 \sqrt{\text{Umsatz}}$$

Beträgt z. B. der Umsatz DM 250 000,—, so ergibt sich ein Unternehmerlohn von

$$18 \sqrt{250\,000} = 18 \cdot 500 = \text{DM } 9\,000,-$$

Die Regelung sah weiterhin vor, daß bei mehreren volltätigen Gesellschaftern in der Geschäftsführung von Personalgesellschaften nur Teilbeträge des oben errechneten Unternehmerlohnes für jeden Gesellschafter anzusetzen waren: bei 2 Gesellschaftern je 75 %, bei 3 Gesellschaftern je 67 %, bei 4 Gesellschaftern je 62 % und bei 5 und weiteren Gesellschaftern je 60 %.

Weiterhin fand eine Tabelle Verwendung, in der der Unternehmerlohn aus zwei Einflußgrößen: der Zahl der Belegschaftsmitglieder und dem Jahresumsatz errechnet wurde. Die Tabellenergebnisse beider Einflußgrößen wurden addiert.

Belegschafts- mitglieder	Umsatz	Teil des Unternehmerlohnes
10	100 000,—	3 400,—
30	300 000,—	6 000,—
60	600 000,—	7 600,—
100	1 000 000,—	8 700,—
150	1 500 000,—	9 800,—
200	2 000 000,—	10 200,—
500	5 000 000,—	12 100,—
1000	10 000 000,—	13 600,—

Beispiel: Ein Betrieb hat eine Belegschaft von etwa 60 Mann und einen Umsatz von etwa DM 1 000 000,—. Dann beträgt der Unternehmerlohn:

Teilbetrag bei 60 Belegschaftsmitgliedern = DM 7 600,—
„ bei einem Umsatz von DM 1 000 000,— = „ 8 700,—

Unternehmerlohn DM 16 300,—

Auch bei den Bestimmungen der neuen Leitsätze werden sich solche Richtlösungen nicht umgehen lassen. Doch dürfte es zweckmäßig sein, sie erst dann zu veröffentlichen, wenn genügende Erfahrungen vorliegen. Bis dahin könnten in Ermangelung neuerer Regelungen die Erfahrungen aus der LSÖ-Zeit herangezogen werden.

Die Bemessung der kalkulatorischen Entgelte für mitarbeitende Angehörige wird sich an den Gehältern bzw. Löhnen von Mitarbeitern mit gleicher oder ähnlicher Tätigkeit orientieren. Im allgemeinen werden bereits die Tarifbestimmungen wegweisend sein, so daß hierbei weniger Probleme auftreten können.

Bei der Verrechnung des Unternehmerlohnes in der Kostenrechnung wird dieser den Gehältern und Löhnen entsprechend behandelt. Der unmittelbar auf die Fertigung entfallende Unternehmerlohn (Unternehmerfertigungslohn) wird dem Kostenträger direkt zugerechnet, d. h. als Einzelkosten behandelt. Der Rest des Unternehmerlohns, der nicht unmittelbar auf die Fertigung entfällt, wird als Gemeinkosten, d. h. indirekt, dem Kostenträger zugerechnet.

II. Der Mengenansatz der Kosten

Wenn Kosten aus Menge und Wert der für die Leistungserstellung verbrauchten Güter und in Anspruch genommenen Dienste ermittelt werden, so ist nach der artmäßigen Bestimmung zunächst der Mengenansatz festzulegen. Kosten sind immer zunächst als Mengengrößen zu verstehen, wie auch die Kostenrechnung primär eine Mengenrechnung ist; die Bewertung ist erst der zweite Schritt.

Hinsichtlich des Mengenansatzes für die oben besprochenen Kostenarten bringen die Leitsätze allgemeine und spezielle Bestimmungen.

a) Allgemeine Bestimmungen für den Mengenansatz

Die allgemeinen Bestimmungen beziehen sich auf den Mengenansatz aller Kostenarten, soweit die speziellen Bestimmungen nichts Abweichendes sagen. Dabei wird der vorzunehmende Mengenansatz von der Art des vereinbarten Selbstkostenpreises und der entsprechenden Kalkulationsart beeinflußt.

Werden Selbstkostenfestpreise oder Selbstkostenrichtpreise für den gesamten Auftrag oder auch nur feste Sätze für einzelne Kalkulationsbereiche vereinbart, wobei eine Vorkalkulation zugrunde liegt, so sind die bei der Leistungserstellung zu verbrauchenden Güter und in Anspruch zu nehmenden Dienste mit Mengen anzusetzen, wie sie im Zeitpunkt der Angebotsabgabe voraussehbar sind. Das bedeutet zwar den Ansatz von Sollmengen

— solche sind bei einer Vorkalkulation auch nur möglich —, aber diese Sollmengen müssen den späteren Istmengen möglichst nahe kommen. Preisprüfungen der Preisbehörden wie auch der öffentlichen Auftraggeber werden zuerst an den Mengen ansetzen, um überhöhte Selbstkostenpreise durch überhöhte Mengenansätze zu verhüten. Um zu istnahen Sollmengen zu gelangen, wird man möglichst auf Berechnungen und Versuche zurückgreifen müssen; notwendige Schätzungen sollen auf handfesten Erfahrungswerten beruhen. Gleiches gilt grundsätzlich auch für die Umwandlung des Selbstkostenrichtpreises in einen Selbstkostenfestpreis durch Zwischenkalkulation; es können im Einzelfall jedoch bereits für einige Kostenarten oder -bereiche sehr istnahe Mengensätze vorliegen.

Bei der Vereinbarung eines Selbskostenerstattungspreises für den gesamten Auftrag oder auch nur für einzelne Kalkulationsbereiche auf Grund einer Nachkalkulation, die sich auf Istmengen aufbaut, müssen entsprechend die bei der Leistungserstellung tatsächlich verbrauchten Güter und in Anspruch genommenen Dienste als Mengensätze genommen werden. Die bei dieser Istfeststellung vorliegenden oder entstandenen Belege und Unterlagen muß man im Hinblick auf eine Preisprüfung aufbewahren.

Ob Sollmengen- und Istmengenfeststellungen, immer muß der Grundsatz wirtschaftlicher Betriebsführung berücksichtigt werden. Das ist so zu verstehen, daß nur die Mengen angesetzt werden, die bei wirtschaftlicher Betriebsführung zur Erstellung der Leistung entstehen, und daß die Feststellungen unter Berücksichtigung aller Hilfsmittel und Methoden möglichst genau erfolgen, der für die Feststellungen getriebene Aufwand aber andererseits in einem angemessenen Verhältnis zum Ergebnis stehen muß.

b) Spezielle Bestimmungen für den Mengenansatz

1. Für Stoffe wird bestimmt, daß als Verbrauch die Einsatzmenge plus dem bei normalen Fertigungsbedingungen entstehenden Fertigungsabfall (z. B. Verschnitt oder Späne) oder einem Zuschlag für Ausschuß beim Einbau anzusetzen ist. Die Summe von Einsatz- und Abfallmenge (oder Ausschußmenge) ergibt somit die Gesamt-Stoffmenge, die in der Kalkulation angesetzt werden darf. Verwertungsfähige Reststoffe werden mengenmäßig nicht abgezogen,

sondern erst nach der Bewertung mit den ihnen zukommenden Werten zum Abzug gebracht.

Beachtung ist der Forderung zu schenken, daß nur der bei normaler Fertigung entstehende Fertigungsabfall oder Ausschuß in dem Stoffmengenansatz berücksichtigt werden darf. Daher wird es notwendig sein, Unterlagen über einen evtl. überhöhten Abfall oder Ausschuß anzufertigen, wenn dieser durch die Eigenart der Fertigung für den öffentlichen Auftrag bedingt ist.

Um eine genaue Mengenfeststellung der Stoffe zu gewährleisten, ist bei der Feststellung möglichst von schriftlichen Aufzeichnungen (Materialscheinen) oder Meßeinrichtungen (Strom-, Gas-, Wasserzähler) auszugehen. Falls dies nicht möglich ist, sind andere objektive Maßstäbe, Stichproben oder dgl. (z. B. Befundaufnahme des Lagerbestandes nach Verbrauch, Vorratsmeldungen des Lagerverwalters) heranzuziehen.

Hinsichtlich der formalen Voraussetzungen bei der Mengenermittlung von Stoffen bestimmen die Leitsätze, daß bei Anwendung der Vorkalkulation die Stoffmengen aus Zeichnungen, Stücklisten, Rezepturvorschriften, Stoffzusammenstellungen oder dgl. zu ermitteln sind. Gleiches wird für die Zwischenkalkulation gelten. Zur Durchführung von Nachkalkulationen werden die Stoffmengen aus den Aufschreibungen über den tatsächlichen Verbrauch ermittelt.

2. Für den Mengenansatz von Löhnen, Gehältern und anderen Personalkosten wird bestimmt, daß diese nach Art und Umfang nur insoweit zu berücksichtigen sind, als sie den Grundsätzen wirtschaftlicher Betriebsführung entsprechen, d. h. daß nach Art und Höhe nur diejenigen Personalkosten zu berücksichtigen sind, die bei wirtschaftlicher Betriebsführung zur Erstellung der Leistung entstehen. Zu hohe Personalkosten oder Personalkosten, die nicht im Zusammenhang mit der Leistung entstehen, werden daher keine Anerkennung finden.

3. Hinsichtlich des Ansatzes von Instandhaltungs- und Instandsetzungskosten wird auf die Ausführungen unter Punkt D I c, von Kosten des Fertigungsanlaufs bzw. der Bauartänderungen auf D I e, und von Kosten für Lizenzen, Patente und gewerblichen Rechtsschutz auf D I g verwiesen.

4. Für den Ansatz der Mengen von Mieten und Pachten, Bürokosten, Werbe- und Repräsentationskosten, Transportkosten, Zahlungsverkehrkosten und sonstiger — in den Leitsätzen nicht gesondert behandelter — Kostenarten gelten die gleichen Grundsätze wie für die Mengenermittlung von Stoffen (siehe oben). Darüber hinaus muß der Grundsatz eingehalten werden, daß nur die Mengen von Gütern und Diensten angesetzt werden dürfen, die leistungsbedingt sind und außerdem bei wirtschaftlicher Betriebsführung entstehen. Leistungsfremde Verbrauchsmengen (z. B. Mieten für Privaträume, aber auch für leistungsfremde Zwecke) wie auch relativ hohe (unwirtschaftliche) Verbrauchsmengen (z. B. zu hohe Repräsentationsaufwendungen) werden keine Anerkennung finden.

III. Die Bewertung der Kosten

Der Mengenfeststellung muß sich die Bewertung anschließen, um die Summe der verschiedenen im Rechnungszeitabschnitt verbrauchten Güter und Dienste feststellen zu können. Die mit unterschiedlichen Mengenmaßstäben ermittelten Güter und Dienste werden erst durch die Bewertung addierbar.

Die Kostenmengen können mit verschiedenen Werten angesetzt werden, jedoch ist der gewählte Wertansatz einheitlich und stetig anzuwenden, um die Vergleichbarkeit der Kosten zu gewährleisten. Ohne zwingenden Grund sollte der einmal gewählte Bewertungsgrundsatz nicht verlassen werden. Die Wahl des Wertansatzes ist wesentlich von der Zielsetzung der Kostenrechnung abhängig. Soll die Kostenrechnung primär die Wirtschaftlichkeit der Betriebsgebarung kontrollieren, so wird man zu Preisen greifen, bei denen die Marktschwankungen eliminiert werden (feste Verrechnungspreise). Kalkulationen, die der Preisermittlung dienen sollen, werden sich dagegen mehr an Gegenwartswerten (Tagespreisen) orientieren. Diese Tendenz ist auch aus den Bewertungsvorschriften der LSP ersichtlich.

Hinsichtlich der Gliederung der Bewertungsvorschriften gehen die Leitsätze einen ähnlichen Weg wie bei den Vorschriften über den Mengenansatz. Es ist eine Unterscheidung in allgemeine und spezielle Bewertungsvorschriften zu erkennen.

a) Allgemeine Bestimmungen für die Bewertung

Die allgemeinen Bewertungsvorschriften gelten für die Bewertung aller Kostenarten, soweit in den speziellen Bestimmungen nichts Abweichendes gesagt ist. Die Bewertung der Kosten ist — wiederum wie bei der Mengenfeststellung — abhängig von der Art des vereinbarten Selbstkostenpreises und der entsprechenden Kalkulationsart.

Bei Vereinbarung eines Selbstkostenfest- oder Selbstkostenrichtpreises für den gesamten Auftrag oder auch nur für einzelne Kalkulationsbereiche auf Grund einer Vorkalkulation wird der Tageswert zugrunde gelegt. Von den möglichen Tageswerten entsprechend der Bezogenheit zur Leistung (z. B. Tageswert am Verbrauchstag) ist der Tageswert zum Zeitpunkt des Angebots gewählt worden. Das gilt für die Güter und Dienste, die eigens für den Auftrag beschafft werden, wie auch für eigene Vorräte. Diese Regelung erleichtert zwar die Ansetzung von Werten, da diese im Zeitpunkt der Angebotskalkulation bekannt sind oder ermittelt werden können; liegt jedoch zwischen dem Zeitpunkt der Angebotsabgabe und der Leistungserstellung (Verbrauchstag) ein längerer Zeitraum, so können bei schwankenden Preisen die Werte erheblich unterschiedlich sein. Wird angenommen, daß die Preise für die Güter und Dienste in diesem Zeitraum steigen, so muß der Auftragnehmer bei der Beschaffung oder Wiederbeschaffung der Einsatzgüter höhere Preise zahlen, als er in der Vorkalkulation, die dem Selbstkostenfest- oder Selbstkostenrichtpreis zugrunde lag, ansetzen durfte. Da die Vereinbarung eines Selbstkostenfestpreises beide Vertragspartner an die Preishöhe bindet, dürfte es zweckmäßig sein, bei stark schwankenden Preisen auf den Beschaffungsmärkten zunächst auf den vorläufigen Selbstkostenrichtpreis hinzuwirken, der die Möglichkeit einer Berichtigung bis zur Festlegung eines Selbstkostenfestpreises offen hält. Wenn auch aus den LSP nicht ersichtlich ist, auf welchen Tag der Angebotsabgabe (für den vorläufigen Richtpreis oder für den Festpreis?) die Bewertung zu beziehen ist, wenn ein Selbstkostenrichtpreis in einen Selbstkostenfestpreis durch Zwischenkalkulation umgewandelt wird, so deutet jedoch der Grundsatz der Bewertung zu Wiederbeschaffungspreisen darauf hin, daß in diesem Falle der Tag der Zwischenkalkulation maßgebend sein müßte. Solange allerdings eine amtliche Regelung nicht erfolgt, werden die Vertragspartner entsprechende Einzelvereinbarungen treffen müssen.

Wird ein Selbstkostenerstattungspreis für den gesamten Auftrag oder auch nur für einzelne Kalkulationsbereiche vereinbart, dem eine Nachkalkulation zugrunde liegt, so werden die Güter und Dienste, die eigens für den Auftrag beschafft wurden, mit dem Anschaffungswert angesetzt. Der Verbrauch der für die Leistungserstellung am Lager vorrätigen Güter ist mit dem Tageswert, bezogen auf den Zeitpunkt der Lagerentnahme, anzusetzen. Es handelt sich zwar um einen Tageswert der lagernden Güter gegenüber ihrem tatsächlichen Anschaffungswert, aber er wurde offenbar gewählt, um die Güter vom eigenen Lager hinsichtlich der Bewertung den eigens für den Auftrag beschafften Gütern gleichzusetzen, denn beide Werte werden eng beieinander liegen. Das wird offensichtlich, wenn angenommen wird, daß die vorrätigen Güter auch eigens für den Auftrag hätten beschafft werden müssen. Es kann also gesagt werden, daß bei Anwendung der Preisermittlung auf Grund der Nachkalkulation für die Bewertung grundsätzlich das Anschaffungswertprinzip gilt.

b) Spezielle Bestimmungen für die Bewertung

1. Die Bewertung der Stoffe erfolgt im Prinzip nach den oben besprochenen allgemeinen Bewertungsvorschriften. Die speziellen Bestimmungen lassen aber für die Stoffe noch andere Bewertungsmöglichkeiten offen. Darüber hinaus ist eine Abweichung von den Bewertungsvorschriften der Leitsätze möglich, wenn eine solche Abweichung zwischen Auftraggeber und Auftragnehmer vertraglich vereinbart wurde. Andere Rechtsvorschriften dürfen jedoch der besonderen Vereinbarung nicht entgegenstehen.

Zunächst wird bestimmt, daß die Tagespreise auch als Einstandspreise berechnet werden können. Das ist an sich selbstverständlich, denn bei der Bewertung zu Tagespreisen genügt es nicht, die evtl. Rechnungspreise anzusetzen; hinzuzuschlagen sind die Beschaffungskosten. Doch hat man hier offenbar an den Ausnahmefall gedacht, daß die Beschaffungskosten den Stoffkosten nicht direkt zugeschlagen, sondern als Gemeinkosten verrechnet werden. Es ist darum notwendig, darauf hinzuweisen, daß Stoffe in der Regel mit den Einstandskosten anzusetzen sind. Bei Ansatz von Tageswerten ist der entsprechende Einstandspreis zu errechnen.

Der Begriff des Einstandspreises entspricht dem üblichen Inhalt. Er setzt sich zusammen aus dem Einkaufspreis und den Beschaffungskosten (z. B. Fracht, Porto, Rollgeld, Verpackung) und ist im Regelfall frei Werk des Bestellers zu verstehen. Im Einkaufspreis müssen schon alle Mengen- und Finanzkorrekturen wie Mengenrabatte, Preisnachlässe, Gutschriften für Treue-, Jahres- und Umsatzrabatte, für zurückgesandte Verpackung u. dgl. berücksichtigt sein, es sei denn, daß aus abrechnungstechnischen Gründen eine andere Verrechnung in den Selbstkosten erfolgt. Auf diese Korrekturen des Preises legen die Leitsätze besonderen Wert. Sie sind nicht nur zu belegen, sondern der Auftragnehmer wird in einem eigenen Absatz der Bestimmungen auch dazu angehalten, alle geschäftsüblichen Vorteile zugunsten des öffentlichen Auftraggebers wahrzunehmen.

Die Tatsache, daß viele Betriebe ihren Stoffverbrauch mit Verrechnungspreisen bewerten, um Marktpreisschwankungen auszuschalten, hat den Gesetzgeber veranlaßt, auch Verrechnungspreise für eine Stoffbewertung zuzulassen. Es wird jedoch gefordert, daß sie auf wirklichkeitsnahen Ermittlungen beruhen müssen und bei Anwendung der Vorkalkulation den Tagespreisen oder bei Anwendung der Nachkalkulation den Anschaffungswerten für eigens beschaffte Stoffe bzw. den Tageswerten für Lagerstoffe nahekommen müssen. Bei der Festlegung der Verrechnungspreise wird man also darauf achten, daß die Verrechnungspreise Durchschnittswerte der effektiven Marktpreise sind; andere Zwecke der Verrechnungspreise (z. B. die Lenkungsaufgabe) werden zurücktreten müssen. Doch sollen andererseits auch die Verrechnungspreise in kürzeren Zeiträumen nur dann abgewandelt werden, wenn grundlegende Änderungen der Tagespreise eingetreten sind. Damit soll und kann der konstante Charakter der Verrechnungspreise gewahrt bleiben. Im Gegensatz zu den Verrechnungspreisen, die als Sollgrößen nur der Vereinfachung der Verrechnung dienen, dürfen Standardwerte oder Standardsätze bei Anwendung einer Planungsrechnung (Plankosten-, Standardkostenrechnung usw.) nicht angesetzt werden. Sie sind durch die entsprechenden Tages- bzw. Anschaffungswerte oder auch Verrechnungspreise zu ersetzen oder auch in solche umzurechnen.

Eine besondere Regelung hinsichtlich der Bewertung erfahren die Zulieferungen aus eigenen Vorbetrieben. Dazu gehören die Liefe-

III. Die Bewertung der Kosten

rungen von Grundstoffen, Halbzeugen, Zwischenerzeugnissen, Fertigerzeugnissen, die mit eigenen Erzeugnissen fertigungstechnisch verbunden werden, aus Vorleistungsbetrieben niederer Produktionsstufe in der Form der Tochterunternehmung, innerhalb des vertikal gegliederten Konzerns u. dgl. Es muß sich — das sei hervorgehoben — um eigene Vorbetriebe handeln, d. h. um Betriebe, die zu einer Unternehmung bzw. zu einem Unternehmungsverbund gehören.

Sind diese Vorleistungen marktgängig, das heißt werden sie von dem Vorleistungsbetrieb auch an den Markt abgegeben, so gilt als Einstandspreis der jeweilige Marktpreis. Dabei sind aber die eingesparten Vertriebskosten und die im Verkehr mit Fremdbetrieben üblichen Preiskorrekturen (Nachlässe u. dgl.) zu berücksichtigen. Handelt es sich dagegen bei den Vorleistungen um nichtmarktgängige Leistungen, so orientiert sich die Bewertung der Stoffe daran, ob solche Vorleistungen üblich sind. Falls Zulieferungen aus eigenen Vorbetrieben in dem entsprechenden Geschäftszweig üblich sind, gelten die nach den Leitsätzen ermittelten Selbstkosten als Einstandspreise. Ist jedoch die Herstellung von Erzeugnissen in eigenen Vorbetrieben nicht branchenüblich, so besteht die Möglichkeit, die Zulieferungen mit dem Selbstkostenpreis nach den LSP anzusetzen. In dem Einstandspreis ist danach auch der kalkulatorische Gewinn für die Vorleistung enthalten. Die in diesem Zusammenhang wesentliche Üblichkeit der Vorleistungen im Geschäftszweig (Branchenüblichkeit) wird im Einzelfall festzustellen sein, da es darüber keine generellen Aussagen gibt.

2. Im Gegensatz zu den allgemeinen Bewertungsvorschriften, die unterschiedliche Bewertungssätze nach dem angewandten Kalkulationsverfahren festlegen, bestimmen die Bewertungsvorschriften für die Personalkosten, daß in Vor- und Nachkalkulationen die tariflichen Löhne und Gehälter einzusetzen sind. Übersteigen die gezahlten Löhne und Gehälter die Tarifsätze, so dürfen auch diese Beträge angesetzt werden, wenn sie angemessen sind. Damit ist wiederum ein wichtiges Gebiet mit der Angemessenheitsfrage verbunden. Soweit Betriebe höhere Löhne und Gehälter als tarifliche zahlen, wird es daher zweckmäßig sein, die Merkmale herauszuheben, die eine Angemessenheit höherer Löhne und Gehälter gegen-

über dem Auftraggeber vertreten lassen (z. B. besondere lokale Arbeitsbedingungen, ein ungewöhnlich hoher Leistungsstand u. dgl.).

Die Bewertungsvorschriften für den kalkulatorischen Unternehmerlohn als einen Teil der Personalkosten sind bereits an anderer Stelle behandelt worden (vgl. S. 57 ff.). Danach ist für die in Einzelfirmen und Personalgesellschaften ohne festes Entgelt tätigen Unternehmer und evtl. mitarbeitenden Angehörigen der kalkulatorische Lohn mit einem Betrag anzusetzen, der der Höhe des durchschnittlichen Gehalts eines Angestellten gleicher Tätigkeit in einer gleichgearteten Unternehmung entspricht.

3. Auf die Bewertung machen die LSP weiterhin bei den Mieten und Pachten, Bürokosten, Werbe- und Repräsentationskosten, Transportkosten, Zahlungsverkehrkosten und sonstigen — in den Leitsätzen nicht gesondert behandelten — Kostenarten aufmerksam. Bei diesen Kostenarten gelten die gleichen Bewertungsgrundsätze wie bei den Stoffen (siehe oben).

4. Außerdem bringen die Leitsätze besondere Bewertungsvorschriften für die kalkulatorischen Kosten und deren Bemessungsgrundlagen. Diese Bestimmungen wurden jedoch aus Gründen der Darstellung bei der Besprechung der jeweiligen kalkulatorischen Posten mitbehandelt, so daß auf diese Abschnitte verwiesen werden kann.

IV. Die Ermittlung des betriebsnotwendigen Kapitals

Bei der Besprechung der kalkulatorischen Posten wurde bereits auf eine Hilfsgröße hingewiesen, die als Ganzes oder mit ihren Bestandteilen als Bemessungsgrundlage für die Kostenfeststellung auftritt. Diese Größe ist das betriebsnotwendige Kapital. Im Einzelnen dient es, jeweils unterschiedlich nach Umfang und evtl. nach wertmäßigem Ansatz, der Ermittlung von drei Bestandteilen des Selbstkostenpreises:

1. in erster Linie ist das betriebsnotwendige Kapital Bemessungsgrundlage für die kalkulatorischen Zinsen;
2. eine Vorstufe der Ermittlung des betriebsnotwendigen Kapitals, das betriebsnotwendige Vermögen, dient evtl. als Grundlage für die Bemessung des allgemeinen Unternehmerwagnisses;
3. wiederum ein Teil des betriebsnotwendigen Vermögens, das betriebsnotwendige Anlagevermögen, ist Grundlage der kalkulatorischen Abschreibungen.

IV. Die Ermittlung des betriebsnotwendigen Kapitals

Das betriebsnotwendige Kapital ist keine Größe, die sich zwangsläufig innerhalb des Rechnungswesens ergibt; es muß eigens ermittelt werden. Diese Ermittlung wird allerdings erleichtert, wenn die Unternehmung im Rahmen eines geordneten Rechnungswesens eine kurzfristige, kalkulatorische Erfolgsrechnung besitzt, da aus dieser die wichtigsten Bestandteile des betriebsnotwendigen Kapitals leicht ersichtlich sind. Unabhängig von der Herkunft des Kapitals (Eigen- oder Fremdkapital) wird aus dem Gesamtkapital der Unternehmung das betriebsnotwendige Kapital herausgehoben, wobei dem kalkulatorischen Zweck entsprechend auf eine kalkulatorische Bewertung geachtet wird. Maßgebend ist also nicht die Herkunft, sondern der Verwendungszweck des Kapitals. Betriebsnotwendig ist der Teil des Gesamtkapitals einer Unternehmung, der laufend dem eigentlichen Leistungszweck der Unternehmung dient. Man kann daher auch von einem leistungsnotwendigen Kapital sprechen. Zum Beispiel besteht der Leistungszweck einer Möbelfabrik in der Erzeugung von Möbeln; das Kapital, das laufend der Erzeugung von Möbeln dient, ist betriebs- oder leistungsnotwendig.

Ebenso wie bei der LSÖ-Rechnung wird das betriebsnotwendige Kapital in der Weise ermittelt, daß das betriebsnotwendige Vermögen um das sog. Abzugskapital vermindert wird. Damit ist es notwendig, erst diese beiden Größen zu bestimmen.

a) Das betriebsnotwendige Vermögen

Bei der Feststellung des betriebsnotwendigen Vermögens geht man zweckmäßigerweise von der Aktivseite der Handelsbilanz aus, allerdings nur, um an den konkreten Vermögensteilen die Beziehung zur Leistungserstellung, das heißt die Betriebsnotwendigkeit der Vermögensgegenstände, zu erkennen. Da die Aktivseite der Handelsbilanz alle Vermögensteile (auch die leistungsfremden) erfaßt und deren Mengen- wie Wertansätze bilanz- bzw. finanzpolitischen Einflüssen unterliegen, ergeben sich für das betriebsnotwendige Vermögen gegenüber dem bilanzierten Vermögen folgende Unterschiede:

aa) es werden nur die betriebsnotwendigen Vermögensteile angesetzt, betriebsfremdes Vermögen wird abgesondert;
bb) es werden nicht die Mengen am Bilanzstichtag, sondern die im Abrechnungszeitabschnitt durchschnittlich gebundenen Mengen angesetzt;

cc) die Bewertung erfolgt nach besonderen Bestimmungen der LSP.

Die Aktivseite der Handelsbilanz ist nach dem Aktiengesetz in folgende Hauptgruppen gegliedert:

I. Ausstehende Einlagen auf das Grundkapital
II. Anlagevermögen
III. Umlaufvermögen
IV. Posten, die der Rechnungsabgrenzung dienen
V. Verlust.

Von diesen Hauptgruppen werden die ausstehenden Einlagen auf das Grundkapital und ein evtl. Verlust als Wertberichtigungsposten zum Eigenkapital behandelt und damit bei der Ermittlung des betriebsnotwendigen Vermögens nicht berücksichtigt. Die Rechnungsabgrenzungsposten werden dem Umlaufvermögen zugerechnet, so daß für die Ermittlung des betriebsnotwendigen Vermögens nur die Unterscheidung in das Anlage- und Umlaufvermögen maßgebend ist.

1. Innerhalb des betriebsnotwendigen Anlagevermögens werden alle Anlagen erfaßt, die der Leistungserstellung dienen oder betriebsnotwendige Reserveanlagen sind. Anlagen, die nicht betriebsnotwendig sind, werden ausgesondert. Dazu gehören insbesondere die stillgelegten Anlagen (außer den betriebsnotwendigen Reserveanlagen), landwirtschaftlich genutzte Grundstücke bzw. Wohnhäuser, wenn nicht Landwirtschaft bzw. Wohnungsvermietung Leistungszweck der Unternehmung ist oder diese Vermögensteile für die Betriebsangehörigen notwendig sind. Eine generelle Aussage über die Betriebsnotwendigkeit bzw. Betriebsfremdheit von Anlagen wird es also nicht geben. Immer muß im Einzelfall geprüft werden, ob die Anlage zur Leistungserstellung des Betriebes notwendig ist.

Beispiele: Ein Sägewerk am Rhein besitzt einen Weinberg. Der Weinberg ist nicht betriebsnotwendig.

Ein anderer Betrieb, eine chemische Fabrik, siedelt sich aus Standortgründen in der Lüneburger Heide an. Da Wohnungen für die Belegschaft nur unzureichend vorhanden sind und räumlich sehr entfernt liegen, wird eine Werksiedlung gebaut. Diese Werksiedlung ist betriebsnotwendig. Der Ertrag aus der Vermietung ist jedoch von den Kosten abzusetzen.

IV. Die Ermittlung des betriebsnotwendigen Kapitals

Wie erwähnt, erfordert die Ermittlung des betriebsnotwendigen Anlagevermögens eine besondere, kalkulatorische Bewertung. Die Buchwerte in der Handelsbilanz unterliegen bilanzpolitischen Einflüssen und geben keine Auskunft über den tatsächlichen Kapitaleinsatz. Nach den Leitsätzen sind die Anlagen mit den kalkulatorischen Restwerten nach Maßgabe der Vorschriften für die Abschreibungen anzusetzen. Das bedeutet, daß die Anlagen mit den Werten anzusetzen sind, die ihnen nach Durchführung der verbrauchsbedingten Abschreibungen zukommen. Der kalkulatorische Restwert wird entweder bei laufender Wertfortführung aus der Anlagenkartei ersehen oder als Unterschied zwischen dem aktivierten und der kalkulatorischen Abschreibung zugrunde liegenden Anfangswert (Anschaffungs- bzw. Herstellwert oder Wiederbeschaffungs- bzw. Herstellwert für Neuanfertigung) und den verbrauchsbedingten Abschreibungen in der bisherigen Nutzungszeit ermittelt. Unterliegen die Anlagen keiner kalkulatorischen Abschreibung (z. B. Grundstücke), so ist der Restwert gleich dem Anfangswert.

Bereits die LSÖ forderten die Ermittlung von Durchschnittswerten, ließen jedoch zu, daß das Anlagevermögen bei kurzfristiger Abrechnung mit den Anfangswerten zugrunde gelegt wurde. Ohne die obige Ausnahme zu erwähnen, verlangen nunmehr die LSP, daß das betriebsnotwendige Vermögen, also auch das Anlagevermögen, mit den im Abrechnungszeitabschnitt durchschnittlich gebundenen Mengen anzusetzen ist. Auf diese Frage wird noch unten im einzelnen einzugehen sein; vorerst genügt der Hinweis, um das folgende Beispiel verständlich zu machen. (Vgl. hierzu Abb. 1).

Ein Unternehmung führt eine vierteljährliche Abrechnung durch. Abzurechnen ist die Periode vom 1.1.–31. 3. 1954. Das in diesem Abrechnungszeitraum durchschnittlich gebundene betriebsnotwendige Anlagevermögen ergibt sich aus folgender Rechnung:

Zunächst werden die Anlageposten aus der Handelsbilanz vom 31. 12. 1953 mit dem dortigen Wertansatz herausgezogen und dann auf ihre Betriebsnotwendigkeit geprüft. Die festgestellten betriebsfremden Vermögensteile werden abgesetzt. Es handelt sich um ein nicht betriebsnotwendiges Wohngebäude (30 000,—), landwirtschaftlich genutzte (betriebsfremde) Grundstücke (80 000,—), Beteiligungen (50 000,—) und Hypotheken (10 000,—) aus Spekulati-

Abb. 1: Die Ermittlung des betriebsnotwendigen Kapitals

Bilanzposten der Aktiva	Zahlen der Handelsbilanz 31.12.53	Betriebsfremde Vermögensteile	Betriebsnotw. Vermögen zum Bilanzwert	Bestand des betriebsnotwendigen Vermögens zum kalkulatorischen Wert				Durchschnittlich gebundene Mengen	Wertansatz
				1.1.54	31.1.54	28.2.54	31.3.54		
I. Anlagevermögen									
1. Bebaute Grundstücke	340.000.—	30.000.—	310.000.—	420.000.—			414.000.—	417.000.—	⎫
2. Unbebaute Grundstücke	120.000.—	80.000.—	40.000.—	40.000.—			40.000.—	40.000.—	⎬ Kalkulatorische
3. Maschinen	210.000.—	—	210.000.—	460.000.—			446.000.—	453.000.—	⎬ Restwerte
4. Werkzeuge	30.000.—	—	30.000.—	90.000.—			82.000.—	86.000.—	⎬
5. Patente	1.—	—	1.—	—			—	—	⎬
6. Beteiligungen	50.000.—	50.000.—	—	—			—	—	⎬
7. Andere Wertpapiere des Anlagevermögens	10.000.—	10.000.—	—	20.000.—			18.000.—	19.000.—	⎭
	760.001.—			Betriebsnotwendiges Anlagevermögen				1.015.000.—	
II. Umlaufvermögen									
1. Roh-, Hilfs- und Betriebsstoffe	420.000.—	—	420.000.—	450.000.—	470.000.—	490.000.—	490.000.—	475.000.—	⎫ Anschaffungs- o. Tageswert
2. Halbfertige Erzeugnisse	200.000.—	—	200.000.—	250.000.—	280.000.—	300.000.—	270.000.—	275.000.—	⎬ tatsächl. Herstellkosten od.
3. Fertige Erzeugnisse	100.000.—	—	100.000.—	120.000.—	60.000.—	20.000.—	40.000.—	60.000.—	⎭ Herstellkosten am Tage der Ermittlung
4. Wertpapiere (des Umlaufvermögens)	10.000.—	5.000.—	5.000.—	5.000.—	5.000.—	5.000.—	5.000.—	5.000.—	Anschaffungs- o. Tageswert
5. Geleistete Anzahlungen	10.000.—	5.000.—	5.000.—	5.000.—	5.000.—	5.000.—	5.000.—	5.000.—	
6. Forderungen auf Grund von Warenlieferungen und Leistungen	520.000.—	—	520.000.—	520.000.—	540.000.—	560.000.—	500.000.—	530.000.—	⎫
7. Wechsel	10.000.—	—	10.000.—	10.000.—	22.000.—	16.000.—	24.000.—	18.000.—	⎬
8. Schecks	2.000.—	—	2.000.—	2.000.—	4.000.—	4.000.—	6.000.—	4.000.—	⎬
9. Kasse	3.000.—	—	3.000.—	3.000.—	5.000.—	4.000.—	8.000.—	5.000.—	⎬ Buchwert
10. Bank	50.000.—	—	50.000.—	50.000.—	60.000.—	54.000.—	56.000.—	55.000.—	⎬
11. Sonstige Forderungen	30.000.—	10.000.—	20.000.—	20.000.—	16.000.—	22.000.—	18.000.—	19.000.—	⎬
12. Rechnungsabgrenzung	10.000.—	4.000.—	6.000.—	6.000.—	9.000.—	8.000.—	5.000.—	7.000.—	⎭
	1.365.000.—			Betriebsnotwendiges Umlaufvermögen				1.458.000.—	
Bilanzsumme Aktiva	2.125.001.—			Betriebsnotwendiges Vermögen				2.473.000.—	(1.015.000.— + 1.458.000.—)

IV. Die Ermittlung des betriebsnotwendigen Kapitals

Bilanzposten der Passiva	Zahlen der Handelsbilanz 31.12.53	Abzusetzende Posten	Bestand der abzusetzenden Posten				Durchschnittlich gebundene Mengen	Wertansatz
			1.1.54	31.1.54	28.2.54	31.3.54		
I. Grundkapital	1.200.000.—							
II. Rücklagen	120.000.—							
III. Rückstellungen	60.000.—							
IV. Verbindlichkeiten								
1. Hypotheken-, Grund- und Rentenschulden	20.000.—							
2. Anzahlungen des öffentlichen Auftraggebers	80.000.—	80.000.—	80.000.—	80.000.—	80.000.—	60.000.—	75.000.—	Buchwert
3. Verbindlichkeiten auf Grund von Warenlieferungen und Leistungen	420.000.—	420.000.—	420.000.—	460.000.—	500.000.—	420.000.—	450.000.—	Buchwert
4. Zinsfreies Darlehen des öffentlich. Auftraggebers	40.000.—	40.000.—	40.000.—	40.000.—	40.000.—	—	30.000.—	Buchwert
5. Verbindlichkeiten gegenüber Banken	50.000.—							
6. Sonstige Verbindlichkeiten	90.000.—							
V. Rechnungsabgrenzung	10.000.—							
VI. Gewinn	35.001.—							
						Abzugskapital	555.000.—	
Bilanzsumme Passiva	2.125.001.—					Betriebsnotwendiges Kapital	1.918.000.—	(2.473.000.— ./. 555.000.—)

onsgründen. Nach Abzug der betriebsfremden Vermögensteile verbleiben betriebsnotwendige Vermögensteile zum Buchwert. Danach ist es notwendig, für die betriebsnotwendigen Vermögensteile die kalkulatorischen Restwerte festzustellen. Das geschieht für den Anfang und für das Ende der Abrechnungsperiode, um die im Abrechnungszeitraum durchschnittlich gebundenen Vermögenswerte (den Mittelwert) festzustellen. Das betriebsnotwendige Anlagevermögen beträgt DM 1 015 000,—.

2. Das betriebsnotwendige Umlaufvermögen wird nach den gleichen Grundsätzen wie das betriebsnotwendige Anlagevermögen ermittelt, nur wird auf eine genauere Feststellung der durchschnittlich im Rechnungsabschnitt gebundenen Beträge Wert gelegt und auch die Bewertungsansätze sind unterschiedlich.

Auch aus dem Umlaufvermögen der Handelsbilanz sind die betriebsfremden Vermögensteile, d. h. die Teile des Umlaufvermögens, die nicht zur Leistungserstellung notwendig sind, auszusondern. Dazu gehören z. B. eigene Aktien, Forderungen aus Kriegsschäden, an Aufsichtsratsmitglieder, Darlehen an Tochtergesellschaften, Wertpapiere, die aus Spekulationsgründen angeschafft wurden. Hierbei bedarf es gleichfalls der Prüfung im Einzelfall, ob ein Vermögensteil betriebsnotwendig oder betriebsfremd ist.

Beispiele: Ein Walzwerk gewährt einer Tochterunternehmung, die Walzen für das Walzwerk herstellt, ein Darlehen für Erweiterungsbauten, obwohl die bisherige Kapazität der Tochterunternehmung schon jetzt über dem Bedarf des Walzwerkes liegt. Das Darlehen ist nicht betriebsnotwendig.

Eine andere Unternehmung hat trotz guter Ertragslage in den letzten Jahren keinen Gewinn ausgeschüttet, andererseits aber auch sehr vorsichtig investiert und die Beträge bei Banken angelegt. Solche relativ zu hohen Bankforderungen sind nicht betriebsnotwendig.

Für den Wertansatz des betriebsnotwendigen Umlaufvermögens sind gleichfalls besondere Bestimmungen maßgebend. Danach heißt es, daß die Gegenstände des Umlaufvermögens mit Anschaffungspreisen (z. B. Stoffe) oder Herstellkosten (z. B. Halb- und Fertigfabrikate) zu bewerten sind. Jedoch kann zum Tageswertprinzip übergegangen werden, wenn die Abweichung von den Anschaffungs- bzw. Herstellwerten erheblich ist. Es sind dann die Tagespreise

IV. Die Ermittlung des betriebsnotwendigen Kapitals   75

bzw. Herstellkosten für eine Neuanfertigung jeweils am Tage der Ermittlung anzusetzen. Wichtig ist jedoch, daß der einmal gewählte Bewertungsgrundsatz (Anschaffungswertprinzip oder Tageswertprinzip) einheitlich und stetig beizubehalten ist. Die übrigen Teile des Umlaufvermögens (z. B. Forderungen, Wechsel, Kasse) sind mit den Werten an den Berechnungsstichtagen zu bemessen, d. h. mit jeweiligen Buchwerten anzusetzen.

Sind in den Beständen von Stoffen, Halb- und Fertigfabrikaten unbrauchbare oder entwertete Gegenstände enthalten, so müssen diese abgesetzt oder dürfen nur mit angemessenen Restwerten angesetzt werden. Wertpapiere und Forderungen in fremder Währung werden mit den Kurswerten an den Berechnungsstichtagen angesetzt.

Da das betriebsnotwendige Umlaufvermögen in der Abrechnungsperiode stärkeren Schwankungen als das Anlagevermögen unterworfen ist, genügt es nicht, den Mittelwert zwischen zwei Endwerten als durchschnittlich gebunden anzusehen, vielmehr sind möglichst viele Zwischenwerte festzustellen.

Bei der Berechnung des betriebsnotwendigen Umlaufvermögens im Beispiel nach Abb. 1 wird die Notwendigkeit einer genaueren Durchschnittsbildung berücksichtigt. Zunächst werden wiederum die betriebsfremden Vermögensteile (Wertpapiere 5 000,—, Anzahlungen 5 000,—, sonstige Forderungen 10 000,—, Rechnungsabgrenzung 4 000,—) ausgesondert. Der kalkulatorische Wertansatz macht wiederum die Aufhebung stiller Reserven, die aus der vorsichtigen Bewertung in der Handelsbilanz resultieren, notwendig. Um das im Abgrenzungszeitraum durchschnittlich gebundene Umlaufvermögen unter Berücksichtigung der Mengenschwankungen zu ermitteln, werden die einzelnen Posten am Anfang der Abrechnungsperiode und zu jedem Monatsende festgestellt. Da der Betrieb eine vierteljährliche Abrechnung hat, liegen genaue Zahlen nur für den Anfang und das Ende der Periode vor. Die Zahlen für die Zwischenmonate müssen statistisch oder durch Schätzung festgestellt werden; dennoch ist ein solches Verfahren einer einfachen Durchschnittsbildung (wie beim Anlagevermögen) vorzuziehen. Das betriebsnotwendige Umlaufvermögen beträgt nach dem Beispiel DM 1 458 000,—.

Aus der Summe von betriebsnotwendigem Anlagevermögen (1 015 000,—) und betriebsnotwendigem Umlaufvermögen (1 458 000,—) ergibt sich das betriebsnotwendige Vermögen von 2 473 000,—.

b) Das Abzugskapital

Während der Begriff des Abzugkapitals in den LSÖ deutlich hervortritt, wird er in den LSP nur am Rande erwähnt. Dennoch ist man bei diesem problematischen und umstrittenen Begriff geblieben. Der Name erklärt sich aus dem Tatbestand, daß die hiervon umschlossenen Beträge vom betriebsnotwendigen Vermögen „abgezogen" werden.

Zum sog. Abzugskapital gehören nach den Leitsätzen die dem Unternehmen zinslos zur Verfügung gestellten Vorauszahlungen und Anzahlungen durch öffentliche Auftraggeber und die dem Unternehmen im Rahmen des gewährten Zahlungszieles zinsfrei zur Verfügung gestellten Schuldbeträge. Zu letzteren gehören insbesondere die Lieferantenschulden.

Über die Bewertung des Abzugskapitals bringen die LSP keine besonderen Vorschriften, doch wird man analog zu den verwandten Posten auf der Aktivseite der Bilanz gleichfalls die Buchwerte an den Berechnungsstichtagen ansetzen. Hinsichtlich des Mengenansatzes wird jedoch für das Abzugskapital bestimmt, daß die im Abrechnungszeitabschnitt durchschnittlich gebundenen Mengen anzusetzen sind.

Bei der Ermittlung des Abzugskapitals geht man von der Passivseite der Handelsbilanz aus (vgl. Beispiel Abb. 1). Aus den Passivposten der Bilanz werden die der Unternehmung zinsfrei zur Verfügung gestellten Beträge ausgesondert und von diesen — ebenso wie beim Umlaufvermögen — ein möglichst genauer Durchschnitt der Abrechnungsperiode ermittelt. Im Beispiel sind es eine Anzahlung (75 000,—) und ein zinsloses Darlehen (30 000,—) des öffentlichen Auftraggebers und die Verbindlichkeiten auf Grund von Warenlieferungen und Leistungen (450 000,—). Das Abzugskapital beträgt im Periodendurchschnitt DM 555 000,—.

Das Abzugskapital wurde oben bereits als problematisch und umstritten bezeichnet. Zur Erläuterung sei darauf hingewiesen, daß die Beträge des Abzugskapitals nur scheinbar zinsfrei dem Unternehmen zur Verfügung gestellt werden. Tatsächlich ist bei den Lieferantenschulden auch für die Zeit des Zahlungszieles bereits ein Zins im Warenpreis berücksichtigt worden, und auch Anzahlungen bzw. zinslose Darlehen sind in der Regel mit entsprechenden Vereinbarungen verbunden. Es wäre daher richtiger, auf das Abzugskapital zu verzichten und das volle betriebsnotwendige Vermögen der kalkulatorischen Verzinsung zugrunde zu legen[6].

c) Das betriebsnotwendige Kapital

Wie bereits gesagt, besteht das sog. betriebsnotwendige Kapital, d. h. das Kapital, das nach den LSP Grundlage für die Verzinsung ist, aus dem betriebsnotwendigen Vermögen, vermindert um das Abzugskapital.

Für das Beispiel nach Abb. 1 ergibt sich damit folgende Rechnung:

	Betriebsnotwendiges Anlagevermögen	....	1 015 000,—
+	„ Umlaufvermögen	....	1 458 000,—
	Betriebsnotwendiges Vermögen	....	2 473 000,—
./.	Abzugskapital	....	555 000,—
	Betriebsnotwendiges (zinstragendes) Kapital		1 918 000,—

Das dargestellte Beispiel hat gezeigt, wie sehr die Genauigkeit der Ermittlung des betriebsnotwendigen Kapitals von den Feststellungen über die „Betriebsnotwendigkeit", von der Bewertung, vor allem aber von der Durchschnittsbildung abhängig ist. Um zu einer absolut genauen Errechnung des tatsächlichen Kapitaleinsatzes und der entsprechenden Zinsen zu gelangen, wäre eine tägliche Ermittlung des betriebsnotwendigen Kapitals notwendig, doch setzt die Praxis hierfür Grenzen. Daher muß man sich mit einer relativen Genauigkeit begnügen. Hat der Betrieb eine monatliche Abrechnung, so ist eine monatliche Feststellung der gebundenen Beträge möglich; bei vierteljährlicher Abrechnung stehen immer noch vier (bzw. fünf bei Einbeziehung des Anfangsbestandes) exakte Bestandszahlen für das Jahr fest. Am ungenauesten ist die Ermittlung des durchschnittlich gebundenen betriebsnotwendigen Kapitals, wenn die Unternehmung nur eine Jahresrechnung besitzt. Beim Anlagevermögen genügt es, den Mittelwert aus Anfangs- und Endbestand zugrunde zu legen, da die Anlagegüter mengenmäßig in

---
[6] Vgl. *Kosiol*, Erich: Kalkulatorische Buchhaltung (Betriebsbuchhaltung), 5. Aufl., Wiesbaden 1953, S. 222—224.

der Regel nur gering schwanken, es sei denn, daß stoßweise größere Investitionen erfolgen. Das Umlaufvermögen und auch die Beträge des Abzugskapitals sind jedoch stärkeren Mengenschwankungen unterworfen. Eine einfache Durchschnittsbildung von Jahresanfangs- und Jahresendbestand würde z. B. Saisonschwankungen nicht berücksichtigen. Da sich aus der Jahresrechnung Zwischenwerte aber zwangsläufig nicht ergeben, sollten Monatswerte durch tabellarische (statistische) Nebenrechnungen oder zumindest durch Schätzung ermittelt werden.

V. Der kalkulatorische Gewinn

Die Eigenart des Selbstkostenpreises, der zwar in seinen Bestandteilen von Marktgesetzen beeinflußt wird, sich selbst aber auf dem Markt nicht bildet, kommt auch darin zum Ausdruck, daß der Unternehmer keine Möglichkeit hat, auf dem Markt einen Gewinn zu erzielen. Daher müssen die Leitsätze eine Ersatzgröße schaffen, damit auch der Selbstkostenpreis einen Anreiz zur Leistungssteigerung enthält. Diese Größe hat wiederum kalkulatorischen Charakter, d. h. der Gewinn wird an bestimmten Maßstäben gemessen, errechnet und den Kosten für die Leistungserstellung zugeschlagen.

Während im kalkulatorischen Gewinn nach den LSÖ die angemessene Verzinsung des betriebsnotwendigen Kapitals, das allgemeine Unternehmerwagnis und die Mehrleistung abgegolten wurden, finden im kalkulatorischen Gewinn nach den LSP nur noch das allgemeine Unternehmerwagnis und evtl. ein Leistungsgewinn bei Vorliegen einer besonderen unternehmerischen Leistung in wirtschaftlicher, technischer oder organisatorischer Hinsicht ihre Abgeltung.

Im kalkulatorischen Gewinn der Leitsätze werden demnach zwei Elemente abgegolten. Einmal das allgemeine Unternehmerwagnis, also das Wagnis, das die Unternehmung als Ganzes gefährdet und in der Eigenart der Unternehmung, in den besonderen Bedingungen des Wirtschaftszweiges oder in wirtschaftlicher Tätigkeit schlechthin begründet ist. Bei freier Preisbildung auf dem Markt steht diesem allgemeinen Unternehmerwagnis die Chance eines Gewinnes gegenüber. Die Abgeltung des allgemeinen Unternehmerwagnisses im Selbstkostenpreis nach den Leitsätzen erfolgt durch kalkulatorischen Zuschlag. Bemessungsgrundlage ist das betriebsnotwendige

V. Der kalkulatorische Gewinn

Vermögen oder der Umsatz. Entsprechende Prozentsätze von einer Bezugsgrundlage oder die Summe der Prozentsätze beider Grundlagen ergeben den Zuschlag. Der Bundesminister für Wirtschaft kann Richt- oder Höchstsätze für die Bemessung der Abgeltung für das allgemeine Unternehmerwagnis festlegen.

Die Festlegung von Richt- und Höchstsätzen durch den Bundeswirtschaftsminister ist bisher nicht erfolgt. Zur Zeit der LSÖ galt auf Grund der 1. Bekanntmachung LSÖ, LSBÖ vom 12. 2. 1942 die Regelung, daß als Entgelt für das allgemeine Unternehmerwagnis 1,5 % jährlich vom betriebsnotwendigen Vermögen zuzüglich 1,5 % vom Umsatz zum Selbstkostenpreis, jedoch höchstens 4,5 % jährlich vom betriebsnotwendigen Vermögen verrechnet werden durften. Diese Regelung findet ab 1. 1. 1945 nur noch auf Bauleistungen Anwendung.

Der im kalkulatorischen Gewinn weiterhin abzugeltende Leistungsgewinn darf nur berechnet werden, wenn er zwischen Auftraggeber und Auftragnehmer vereinbart wurde. Er soll der unternehmerischen Mehrleistung entsprechen. Eine Mehrleistung ist nur im Verhältnis zu anderen Betrieben zu erkennen, vor allem aber im Verhältnis zu dem sog. guten Betrieb. Der Auftragnehmer muß also dem Auftraggeber beweisen, daß sein Betrieb höhere Leistungen als ein guter Betrieb seines Geschäftszweiges aufweist. Letzten Endes wird es hier zu einem Aushandeln zwischen den Vertragspartnern kommen.

Dieses Aushandeln zwischen Auftraggeber und Auftragnehmer wird sich auf den gesamten kalkulatorischen Gewinn beziehen müssen, solange nicht die erwähnte Festlegung von Richt- und Höchstsätzen für die Abgeltung des allgemeinen Unternehmerwagnisses erfolgt. Damit ist auch beim Selbstkostenpreis bis zu der „nicht attraktiven" Endform des Selbstkostenerstattungspreises noch ein Aushandeln über die endgültige Höhe des Endpreises notwendig, da nur die Kostenbestandteile festliegen. Hierdurch wird es möglich, daß auch in den Selbstkostenpreisen den bestehenden Marktverhältnissen und der Konjunkturlage Rechnung getragen wird[7].

Eine solche Verfahrensweise ist betriebswirtschaftlich gutzuheißen, so lange von seiten der Auftraggeber der im Einzelfall

---
[7] *Hohmann*, Karl: Die Preisbildung ... a. a. O., S. 29.

festzulegende kalkulatorische Gewinn als ein pretiales Mittel angesehen wird, um die Unternehmungen zu einer Leistungssteigerung anzuspornen. Sobald jedoch die Auftraggeber auf Grund eigener Regelungen Sätze für eine Gewinnbegrenzung festlegen, kann nur Leistungsminderung die Folge sein, denn hierdurch würde man gerade die Fälle echter Leistung abdrosseln.

Hinsichtlich der Zurechnung bestimmen die Leitsätze, daß der kalkulatorische Gewinn den Kostenträgern absatzbestimmter Leistungen unmittelbar oder mittels einfacher Schlüssel zuzurechnen ist. Einfache Schlüssel sind z. B. die Selbstkosten oder Erlöse der umgesetzten Leistungen.

VI. Kalkulationsverfahren und -gliederung

Nachdem in den bisherigen Ausführungen die Kalkulationsbestandteile, ihre Bemessung und Bewertung besprochen wurden, sollen nunmehr die einzelnen Kalkulationselemente gegliedert und zu einem Kalkulationsschema zusammengefügt werden. Die Art des Kalkulationsaufbaues und des dementsprechenden Schemas ist abhängig von dem im Betrieb angewandten Kalkulationsverfahren. Das Kalkulationsverfahren ist wiederum abhängig von der im Betrieb vorliegenden Fertigungsart, dem Leistungscharakter des Betriebes. Z. B. bedingt eine kontinuierliche Einproduktfertigung (Massenfertigung) eine einfache, einstufige Divisionsrechnung und diese wiederum ein eigenes Kalkulationsschema, während die Einzelfertigung ungleichartiger Produkte eine Zuschlagsrechnung und diese wiederum ein erweitertes Kalkulationsschema zur Folge hat. So bedingt die konkrete Fertigungsart (der Leistungscharakter) die Art des Kalkulationsverfahrens (den Abrechnungscharakter) und dieses wiederum das Kalkulationsschema (die Verfahrenstechnik)[8].

a) Die Kalkulationsverfahren

Um die Anwendung der LSP in allen Betrieben, unabhängig von der unterschiedlichen Fertigungsart und dem Wirtschaftszweig, zu gewährleisten, gestatten die Leitsätze praktisch jedes der be-

---

[8] Eine weitergehende Behandlung der hier angeschnittenen Fragen mit Beispielen bringt: *Kloidt*, Heinrich: Die rechnerischen Verfahren der Kalkulation in Industriebetrieben, Taschenbuch für den Betriebswirt 1954, Berlin-Stuttgart 1954.

kannten Kalkulationsverfahren. Voraussetzung ist allerdings, daß hiermit die Anforderungen der Kalkulation, die sich aus den LSP ergeben, erfüllt werden können. Im einzelnen weisen die Leitsätze auf das Divisionsverfahren, das Zuschlagsverfahren und auf Mischformen beider Verfahren hin. Aus den kurzen Erläuterungen ist zu ersehen, daß hierbei, abgesehen von dem Begriff Zuschlagsrechnung, der Terminologie der vom Bundesverband der deutschen Industrie herausgegebenen Grundsätze für die Kosten- und Leistungsrechnung gefolgt wird.

1. Divisionsverfahren

Bei den Divisionsverfahren[9] werden die Kosten je Leistungseinheit (Leistungseinheitskosten) durch Division der im Zeitabschnitt entstandenen Kosten (Periodenkosten) durch die Zahl der erstellten Leistungseinheiten ermittelt. Die Formel lautet also: Leistungseinheitskosten = Periodenkosten : Anzahl der Leistungseinheiten.

Die erwähnten Grundsätze unterscheiden innerhalb der Divisionsverfahren die Divisionsrechnung und die Äquivalenzziffernrechnung und erläutern, daß bei Divisionsrechnung die Kosten des Zeitabschnitts einen einheitlichen Kostenträger betreffen müssen, während durch die Verwendung von Äquivalenzziffern die Divisionsrechnung auch für verschiedenartige Leistungen mit verwandter Kostengestaltung anwendbar gemacht werden kann. Die an sich unterschiedlichen Leistungen werden mit Hilfe von Äquivalenzziffern in einheitliche, d. h. addierbare Leistungen umgerechnet.

2. Zuschlagsverfahren

Die Zuschlagsverfahren ermöglichen eine genaue Kostenrechnung auch für die ungleichartigen Leistungen. Die unter dem Namen Zuschlagskalkulation bzw. -methode bekannten Verfahren werden nunmehr von den Grundsätzen für die Kosten- und Leistungsrechnung als Verrechnungssatzverfahren bezeichnet. Bei diesen Verfahren werden ganz bestimmte, den einzelnen Erzeugnissen oder Erzeugnisgruppen unmittelbar zurechenbare Kosten als Einzelkosten erfaßt und ausgewiesen. Die restlichen, den Erzeugnissen

---

[9] Eine eingehende Darstellung der verschiedenen Formen siehe: *Kosiol*, Erich: Divisionsrechnung in der industriellen Kalkulation und Betriebsabrechnung, Frankfurt am Main o. J. (1949).

bzw. Erzeugnisgruppen nicht unmittelbaren Kosten, die sog. Gemeinkosten, werden den Kostenträgern als Leistungen der an der Leistungserstellung beteiligten Kostenbereiche oder Kostenstellen mit Hilfe von individuellen Verrechnungssätzen zugerechnet, d. h. zugeschlagen. Da in der Regel mehrere Kostenbereiche oder Kostenstellen an der Leistungserstellung beteiligt sind, werden allgemein mehrere Verechnungssätze angewandt.

Innerhalb der Zuschlagsverfahren (Verrechnungssatzverfahren) unterscheiden die Grundsätze für die Kosten- und Leistungsrechnung die Sortenrechnung und Auftragsrechnung. Bei der Sortenrechnung werden die Kosten den in der Periode hergestellten Mengen jeder Sorte als jeweils einem Kostenträger zugerechnet, während bei Auftragsrechnung, unabhängig von der Produktionsdauer, der mengenmäßig abgegrenzte Auftrag als ein Kostenträger gilt.

3. Mischformen

Divisons- bzw. Zuschlagskalkulation sind die grundsätzlichen Verfahren; die Praxis bedingt jedoch oft Zwischenformen. So werden z. B. bei einer Serienfertigung die Kosten jeder Serie mit Hilfe des Zuschlagsverfahrens der gesamten Serie als einem Kostenträger zugerechnet; die Kosten je Leistungseinheit innerhalb der Serie ermittelt man dann durch Anwendung des Divisionsverfahrens. Auch bei einer Sortenfertigung kommt eine ähnliche Mischform zur Anwendung. Daraus ist ersichtlich, daß bereits die oben genannten Unterfälle der beiden Grundverfahren Mischelemente enthalten.

Ohne aus räumlichen Gründen ins Einzelne gehen zu können, wird zu den von den LSP genannten Kalkulatiosverfahren nur folgendes kritisch bemerkt:

Die Unterscheidung zwischen dem Oberbegriff „Divisionsverfahren" und dem Unterfall „Divisionsrechnung" ist künstlich und entbehrt logischer Klarheit. Es ist weiterhin zwar üblich geworden, die Äquivalenzziffernrechnung als eine verfeinerte, ausgebaute Form der Divisionsrechnung anzusehen, doch muß bedacht werden, daß die Anwendung von Äquivalenzziffern, die nichts anderes als Kostengewichte sind, auch innerhalb der Zuschlagsrechnung möglich ist. Der Unterfall einer Sortenrechnung innerhalb der Zuschlagsrechnung befremdet insofern, als eine Sortenfertigung sowohl mit dem Divisionsverfahren (mit Äquivalenzziffern) als auch mit dem Zuschlagsverfahren (mit Äquivalenzziffern), aber auch mit einer Mischform beider Verfahren abgerechnet werden kann. Grundsätzlich genügt die Unterscheidung in Divisons- und Zuschlagsrechnung. Die Art der Leistungserstellung des Betriebes bedingt nun, ob eine ein- oder mehrstufige oder auch simultane Divisionsrechnung zur Anwendung gelangt, ob Kostengewichte (Äquivalenzziffern) in der Divisionsrechnung bzw. Zuschlagsrechnung verwendet werden oder ob die reine Form der Zuschlagsrechnung oder Mischformen beider Verfahren notwendig sind.

b) Die Kalkulationsgliederung

Wie bereits erwähnt, ist die Art und Tiefe der Kalkulationsgliederung abhängig von der Art des angewandten Kalkulationsverfahrens. Obwohl die Leitsätze grundsätzlich jedes Kalkulationsverfahren zulassen, veröffentlichen sie jedoch im Interesse einer Prüfbarkeit und Vergleichbarkeit des Selbstkostenpreises ein Grundschema, das grundsätzlich als Mindestgliederung anzusehen ist. Aber auch hier sind in besonderen Fällen noch Zusammenfassungen möglich.

Darüber hinaus können bei Vorliegen eines betriebsindividuellen Rechnungswesens, das jedoch den Ansprüchen an ein geordnetes Rechnungswesen genügt, zwischen dem Auftraggeber und dem Auftragnehmer bestimmte Muster für Vor- und Nachkalkulationen vereinbart werden. Weiterhin ist eine Vereinbarung darüber möglich, daß sich die Nachkalkulation auf eine Erfassung, Gliederung und Nachweisung der Unterschiedsbeträge gegenüber der Vorkalkulation beschränken kann. Besonders wichtig für den Auftragnehmer ist die Bestimmung, daß die Preisermittlung für einen vorliegenden Auftrag aus den Nachkalkulationen über frühere Aufträge durch Berücksichtigung eingetretener Kostenänderungen abgeleitet werden kann, wenn die herzustellenden Leistungen den früher erstellten Leistungen gleich oder ähnlich sind.

1. Das Grundschema

Die von den LSP geforderte Mindestgliederung lehnt sich weitgehend an das Muster der Zuschlagskalkulation an, doch kann es auch den anderen Verfahren angepaßt werden. Die Preiskalkulation ist nach den Leitsätzen, unbeschadet einer weitergehenden betriebsindividuellen oder sonstigen zwischen den Vertragspartnern vereinbarten Gliederung, mindestens wie folgt zu gliedern:

Fertigungsstoffkosten
Fertigungskosten
Entwicklungs- und Entwurfskosten
Verwaltungskosten
Vertriebskosten
_____

Selbstkosten
Kalkulatorischer Gewinn
_____

Selbstkostenpreis

In diesem Zusammenhang ist es interessant, die Grundgliederung nach den LSÖ zum Vergleich heranzuziehen. Die LSÖ verlangten folgende Gliederung:

Werkstoffe
Fertigungslöhne   ⎫
Fertigungsgemeinkosten   ⎬ Fertigungskosten
_____   ⎭

Herstellkosten
Verwaltungs- und Vertriebs-(gemein)kosten
Sonderkosten
_____

Selbstkosten
Kalkulatorischer Gewinn
_____

Selbstkostenpreis

Die Mindestgliederungen nach den LSÖ und LSP sind nicht nur sehr ähnlich, sondern auch die bestehenden Unterschiede werden durch spätere Bestimmungen weitgehend aufgelöst. So verlangen die LSP, daß innerhalb der Kalkulationsbereiche Einzel- und Gemeinkosten getrennt auszuweisen sind, soweit dies nach der Art des angewandten Kalkulationsverfahrens möglich und branchenüblich ist. Das bedeutet z. B. bei Anwendung der Zuschlagskalkulation, daß die Fertigungsstoffkosten (Stoff- oder Materialbereich) in Stoffeinzelkosten (Materialeinzelkosten) und Stoffgemeinkosten (Materialgemeinkosten) bzw. die Fertigungskosten (Fertigungsbereich) in Fertigungseinzelkosten (Einzellöhne) und Fertigungsgemeinkosten zu unterscheiden sind.

Weiterhin weisen die Leitsätze darauf hin, daß innerhalb der Einzelkosten nach Fertigungs- und Sondereinzelkosten zu unterscheiden

VI. Kalkulationsverfahren und -gliederung

ist. Diese begriffliche Unterscheidung der Einzelkosten in Fertigungs- und Sondereinzelkosten kann nur Verwirrung stiften. Mit dem Namen „Fertigungskosten" wird seit langem in Theorie und Praxis die Summe von Fertigungslöhnen + Fertigungsgemeinkosten + evtl. Sondereinzelkosten der Fertigung bezeichnet. Auch die LSP bringen den Begriff der Fertigungskosten bereits für die Kosten des Fertigungsbereichs. Richtiger und klarer wäre daher die Unterscheidung der Einzelkosten in allgemeine und Sondereinzelkosten[10]. Allgemeine Einzelkosten sind solche Einzelkosten, die allen Kostenträgern direkt zugerechnet werden können, während man die Sondereinzelkosten nur ganz bestimmten, diese spezielle Güterart beanspruchenden Kostenträgern unmittelbar zurechnen kann. Die bei der obigen Besprechung der Kalkulationsbestandteile (Kostenarten) herausgestellten Sonderkosten werden in den entsprechenden Kalkulationsbereichen (Kostenbereichen) ausgewiesen.

Im Gegensatz zu den bisherigen Zusatzbestimmungen, die auf eine Erweiterung und Verfeinerung des Grundschemas hinwirken, bringen die Leitsätze auch die Möglichkeit einer Zusammenfassung von Kalkulationsposten und dementsprechend einer Vereinfachung des Kalkulationsschemas. Wenn es die Wirtschaftlichkeit der Rechnungsführung erfordert, können die Stoffgemeinkosten und Fertigungsgemeinkosten bzw. die Verwaltungsgemeinkosten und Vertriebsgemeinkosten zusammengefaßt werden. Zum Beispiel dürfte ein Kleinbetrieb mit Divisionsrechnung die erwähnte Voraussetzung erfüllen. *Fischer* ist der Ansicht, daß alle vier Gemeinkostengruppen, die Stoff-, Fertigungs-, Verwaltungs- und Vertriebsgemeinkosten in einer gemeinsamen Zuschlagsgruppe zusammengefaßt werden können[11]. Es ist zweifelhaft, ob die Bestimmungen der Leitsätze so weit interpretiert werden können (Vgl. LSP, Nr. 10, Abs. 6).

Allgemein ist aus dem Grundschema der LSP ersichtlich, daß auf Grund der Betriebsrechnung die in den Leitsätzen kostenartenmäßig gegliedert aufgeführten Kosten in eine kostenstellenmäßige Gliederung gebracht werden sollen. Dabei lehnen sich die Leitsätze offen-

---

[10] Vgl. das Übersichtsschema der verrechnungstechnischen Kostenbegriffe bei *Kosiol*, Erich: Kalkulatorische Buchhaltung (Betriebsbuchhaltung), 5. Aufl., Wiesbaden 1953, S. 266.
[11] *Fischer*, Guido: Die Neuregelung von Preisen und Kosten für Aufträge von öffentlichen Auftraggebern; LSP statt LSÖ. Zeitschrift für Betriebswirtschaft, 24. Jg. 1954, S. 17.

sichtlich an die Kostenbereichs-Gliederung der Grundsätze für die Kosten- und Leistungsrechnung an, die für Fertigungsbetriebe grundsätzlich folgende Bereiche unterscheiden: Stoffbereich, Fertigungsbereich, Entwicklungs- und Konstruktionsbereich, Verwaltungsbereich und Vertriebsbereich. Nunmehr erklärt sich auch die Hervorhebung der Entwicklungs- und Entwurfskosten als besonderer Kalkulationsposten, der in dem LSÖ-Schema noch nicht enthalten war.

Bei dem weiteren Vergleich der beiden Schemata fällt auf, daß in dem Grundschema nach den LSP der Kostensummenbegriff „Herstellkosten" gegenüber den LSÖ fehlt, der dort für die begriffliche Zusammenfassung von Werkstoffen und Fertigungskosten festlag. Nach den LSP ist die Zwischensumme der Herstellkosten an der Stelle einzuordnen, an der sie branchen- oder betriebsüblich gezogen wird. Die verschiedenen Möglichkeiten, die Summe „Herstellkosten" zu ziehen, sind aus dem Gemeinschafts-Kalkulationsschema (Grundschema) ersichtlich. Da dieses Grundschema aus den Gemeinschaftsrichtlinien für die Kosten- und Leistungsrechnung, Ausgabe Industrie, deren Beachtung und Anwendung nunmehr allen im Bundesverband der deutschen Industrie zusammengeschlossenen Industrieverbänden und letztlich deren Mitgliedern empfohlen wird, in Zukunft den Kalkulationen der Unternehmungen zugrunde liegen dürfte, wird es hier in Abb. 2 dargestellt[12].

Aus den obigen Ausführungen ist ersichtlich, daß durch die Freizügigkeit hinsichtlich des zu wählenden Kalkulationsverfahrens und der Vereinfachungsmöglichkeiten für die Kalkulationsgliederung die betriebsindividuellen Abrechnungsverfahren berücksichtigt werden sollen. Diesem Vorzug steht der Tatbestand gegenüber, daß dadurch z. B. ein Vergleich der Selbstkostenpreise verschiedener Betriebe für gleiche oder ähnliche Leistungen erschwert wird. Es ist daher durchaus möglich, daß bei zunehmender Bedeutung des Selbstkostenpreises im öffentlichen Auftragswesen mit Rücksicht auf die Vergleichbarkeit wieder straffere Bestimmungen wie bei den LSÖ zur Anwendung gelangen können.

---

[12] Entnommen aus: Grundsätze und Gemeinschafts-Richtlinien für das Rechnungswesen, Ausgabe Industrie, Kosten- und Leistungsrechnung, hrsg. vom Bundesverband der Deutschen Industrie, Betriebswirtschaftlicher Ausschuß, in Gemeinschaft mit namhaften Fachleuten bearb. v. Dr. Gerhard *Dirks*, Frankfurt am Main o. J. (1951), K 431.

VI. Kalkulationsverfahren und -gliederung

			Menge Bezugsgrdl.	Betrag je Einh	Einzelkosten	Gemeinkosten	Kosten insgesamt
Stoffkosten		Stoffe A					
		Stoffe B					
		Stoffe C					
		Stoffe D					
		Stoffe E					
		Stoffe F					
		Stoffe G					
		Stoffe H					
		Stoffe I					
		Stoffkosten (brutto)					
		./. Restgutschriften					
I		Stoffkosten (netto)					
Fertigungskosten		Fertigungsstelle 1					
		Fertigungsstelle 2					
		Fertigungsstelle 3					
		Fertigungsstelle 4					
		Fertigungsstelle 5					
		Fertigungsstelle 6					
		Fertigungsstelle 7					
		Fertigungsstelle					
		Fertigungsstelle					
	IIa	Fertigungskosten (netto)	A Herstellkosten (A)	(= I + II a)			
	Sondereinzel- u. -gemeinkosten der Fertigung	Werkzeuge	Sondergemeinkosten in % von A				
		Modelle					
		Ausschuß					
	IIb	Sonderkosten der Fertigung					
II		Fertigungskosten (brutto)	II = II a + II b				
		Verbrauchsbedingte Abschreibungen	Nur soweit nicht üb. Kostenstellen verrechnet				
		Betriebsbedingte Zinsen					
		Betriebsbedingte Wagnisse					
		Unternehmerlohn u. sonst. kalk. Kosten					
			B Herstellkosten (B)	(= I + II)			
III		Entwicklungs-,Versuchs-u. Konstrukt.Kosten (Sondereinzel- u. -gemeinkosten)	Gemeinkosten in % von A oder B				
			C Herstellkosten (C)	(= I + II + III)			
IV		Verwaltungskosten	Werk / Anteil Zentrale	in % v. A, B oder C			
			D Herstellkosten (D) (= I + II + III + IV)				
Vertriebskosten	Va	Vertriebsgemeinkosten in % von A, B C oder D					
			E Selbstkosten (netto)	(= I bis V a)			
	Sondereinzel- u. -gemeinkosten	Versandkosten					
		Provisionen					
		Umsatzsteuer					
	Vb	Sonderkosten des Vertriebs					
V		Vertriebskosten					
		Selbstkosten (brutto)	F = I bis V				
		Kalkulatorischer Gewinnzuschlag (brutto)	in % von E				
		Selbstkostenpreis					

Abb. 2: Gemeinschafts-Kalkulationsschema (Grundschema)

2. Das Kalkulationsschema bei Zuschlagsrechnung

Das Grundschema nach den LSP hat bereits gezeigt, daß sich die Kalkulationsgliederung grundsätzlich an die Zuschlagsrechnung anlehnt. Hierfür sind offenbar zwei Gründe maßgebend gewesen: einmal der Tatbestand, daß die Mehrzahl der Betriebe auf Grund ihrer Fertigungsart und des Fertigungsprogramms eine Zuschlagskalkulation anwendet, zum anderen ist aber auch eine Kalkulation, die die Kosten nach mehreren Bereichen aufgeteilt darlegt, leichter zu prüfen.

Die bedeutend häufigere Anwendung der Zuschlagsrechnung in der Praxis bedingt auch hier eine bevorzugte Behandlung. In Anlehnung an das Grundschema der Gemeinschaftsrichtlinien wird nachfolgend ein Kalkulationsschema bei Anwendung einer Zuschlagskalkulation (Auftragsrechnung) gebracht, das alle Kostenbestandteile aus den LSP berücksichtigt. Ausgehend von den Leitsätzen ist dieses Schema deshalb als Maximalgliederung anzusehen. In der Praxis sind jedoch entsprechend dem konkreten Fall Erweiterungen möglich. Zum Beispiel kommt es auf die Art der Leistung an, welche Verbrauchsteuern als Sonderkosten auszuweisen sind; gleiches gilt für die einzelnen Arten der Versandkosten. Andererseits werden in der Praxis nur in den seltensten Fällen alle von der Verordnung hervorgehobenen Sonderkosten auftreten, so daß die praktische Gliederung in der Regel weniger Posten aufweisen wird, abgesehen davon, daß die Vorschriften, wie erwähnt, Zusammenfassungen von Gemeinkosten wie auch besonders vereinbarte Gliederungen im Einzelfall zulassen. Daher ist das Schema nur als eine Richtlösung anzusehen, die mit den konkreten Gegebenheiten in der Unternehmung abzustimmen ist (s. Schema S. 89).

3. Das Kalkulationsschema bei Divisionsrechnung

Wenn auch die LSP berücksichtigen, daß es Betriebe gibt, die auf Grund ihres Leistungscharakters die Divisionsrechnung anwenden, so ist andererseits aus der Vorschrift über die Mindestgliederung ersichtlich, daß schon im Interesse einer Prüfbarkeit der Selbstkosten nicht an eine einfache, einstufige Divisionsrechnung gedacht wird, die die Gesamtkosten der Periode durch die Gesamtleistung der gleichen Periode teilt und somit die Kosten pro Leistungseinheit ermittelt. Um zu der Mindestgliederung nach den Leitsätzen zu

VI. Kalkulationsverfahren und -gliederung

I. Fertigungsstoffkosten
 1. Stoffeinzelkosten ....
 2. + Beigestellte Stoffe ....
 3. + Stoffgemeinkosten ....

 4. Stoffkosten (brutto) ....
 5. ∕. Reststoffgutschriften ....

 6. Stoffkosten (netto) ....

II. Fertigungskosten
 1. Lohneinzelkosten ....
 2. + Fertigungsgemeinkosten ....

 3. Fertigungskosten (netto) ....
  Herstellkosten A
 4. + Sonderkosten der Fertigung
  a) Sonderbetriebsmittel ....
  b) Auswärtige Bearbeitung ....
  c) Fertigungsanlauf, Bauartänderungen ....
  d) Lizenzen, Patente, gew. Rechtsschutz ....
  e) Sonderabschreibungen ....

 5. Fertigungskosten (brutto) ....
  Herstellkosten B

III. Entwicklungs- und Entwurfskosten
 1. Freie Entwicklung ....
 2. + Gebundene Entwicklung ....

 3. Entwicklungs- und Entwurfskosten ....
  Herstellkosten C

IV. Verwaltungskosten ....
  Herstellkosten D

V. Vertriebskosten
 1. Vertriebsgemeinkosten ....
 2. + Sonderkosten des Vertriebes
  a) Versandkosten ....
  b) Vertreterprovisionen ....
  c) Verbrauchsteuern ....
  d) Umsatzsteuer ....

 3. Vertriebskosten ....
  Selbstkosten (brutto)
 ∕. Beigestellte Stoffe ....
  Selbstkosten (netto)

VI. Kalkulatorischer Gewinn ....
  Selbstkostenpreis

gelangen, ist es daher notwendig, den Betrieb zumindest in Kostenbereiche aufzugliedern, die den geforderten Kalkulationsposten entsprechen. Hierzu gehören im einzelnen: Stoffbereich, Fertigungsbereich, Entwicklungs- und Entwurfsbereich, Verwaltungs- und Vertriebsbereich (die Verwaltungs- und Vertriebsgemeinkosten können, wie erwähnt, zusammengefaßt werden). Nach Verteilung der Kostenarten auf die genannten Bereiche erfolgt dann die Division der Bereichskosten durch die Leistung. Man kann daher von einer Kostenbereich-Divisionsrechnung oder einfacher von einer Bereich-Divisionsrechnung sprechen. Zweckmäßig wird daher die Anwendung eines Kostenbereich-Bogens, eines groben Kostenstellenbogens, sein.

Das nachfolgende Beispiel eines Kalkulationsschemas bei Anwendung der Divisionsrechnung will im Gegensatz zu dem Beispiel für die Zuschlagsrechnung die Minimalgliederung unter Berücksichtigung aller einschränkenden Vorschriften und unter Außerachtlassung aller gesondert auszuweisenden Posten darstellen. Es wurde ein Betrieb unterstellt, der die Divisionsrechnung anwendet, dem keine Stoffe vom Auftraggeber beigestellt werden, dessen Fertigung weder verwertbare Reststoffe übrigläßt noch Sonderkosten verursacht. Eine gebundene Entwicklung wurde nicht vereinbart, und als Sonderkosten des Vertriebs tritt nur die Umsatzsteuer auf, da die Erzeugnisse unverpackt vom Auftraggeber abgeholt werden.

```
  I. Fertigungsstoffkosten .................................
 II. + Fertigungskosten ....................................
     ─────────────────────────────────────────────────────
                     Herstellkosten A ....................
III. + Entwicklungs- und Entwurfskosten ..................
     ─────────────────────────────────────────────────────
                     Herstellkosten C ....................
 IV. + Verwaltungs- und Vertriebsgemeinkosten ............
  V. + Umsatzsteuer ........................................
     ─────────────────────────────────────────────────────
                     Selbstkosten ........................
 VI. + Kalkulatorischer Gewinn ............................
     ─────────────────────────────────────────────────────
                              Selbstkostenpreis
```

Da es die Leitsätze offen lassen, an welcher Stelle die Summe „Herstellkosten" gezogen wird und die Entscheidung darüber von der Branchen- bzw. Betriebsüblichkeit abhängig gemacht wird, wurden im obigen Beispiel beide Möglichkeiten berücksichtigt (Herstellkosten A und C). In der Praxis wird man sich jedoch entsprechend der Branchen- bzw. Betriebsüblichkeit für eine der beiden Möglichkeiten entscheiden.

Auch das vorstehende Beispiel kann nur als eine Richtlösung angesehen werden. In der Spanne zwischen den aufgeführten Beispielen einer Maximal- bzw. Minimalgliederung wird nun die große Zahl der praktischen Fälle von Kalkulationsschemata liegen, mehr oder weniger gegliedert, wie es die konkreten Gegebenheiten bedingen.

VII. Allgemeine Angaben und Erklärungen zur Selbstkostenpreiskalkulation

Da die Kalkulation nach dem Wunsche des Gesetzgebers dem öffentlichen Auftraggeber völlige Klarheit bringen soll, muß eine Reihe technischer Angaben zusätzlich gemacht werden. Die LSP unterscheiden solche Angaben, die zu jeder Preiskalkulation gemacht werden müssen und solche Angaben, die bei Nachkalkulationen hinzukommen.

a) Angaben bei jeder Preiskalkulation

Unabhängig davon, ob der Auftragnehmer eine Vor-, Zwischen- oder Nachkalkulation durchführt, muß er dem Auftraggeber folgende Angaben zur Preiskalkulation machen:

1. über den Kalkulationsgegenstand. Dazu gehört eine genaue Bezeichnung, die Auftrags-, Stücklisten- und Zeichnungsnummer, wie auch Zeichnungsänderungsvermerke, Bau- und Musternummern und dgl.;
2. über das Lieferwerk und die Fertigungsabteilung. Beide Angaben geben dem Auftraggeber die Möglichkeit, die Kosten mit solchen früherer Lieferungen aus dem gleichen Werk bzw. der gleichen Fertigungsabteilung zu vergleichen;
3. über die Bezugsmenge. Dabei handelt es sich um die Leistungsmenge, auf die die Kalkulation bezogen ist (z.B. auf 1, 10, 100, 1000 Stück, kg, m und dgl.);
4. über den Tag des Kalkulationsabschlusses. Diese Angabe ist besonders für die Mengenfestsetzung und Bewertung der Kosten von Bedeutung;

5. über die Liefermenge und die Lieferbedingungen. Es handelt sich um die Liefermenge, für die insgesamt die Kalkulation maßgebend sein soll. Die Lieferbedingungen werden angegeben, soweit sie die Höhe des Selbstkostenpreises beeinflussen.

b) Zusätzliche Angaben bei der Nachkalkulation

Handelt es sich bei der vom Auftragnehmer aufgestellten Kalkulation um eine Nachkalkulation, so müssen zusätzlich zu den schon genannten noch folgende Angaben gemacht werden:
1. über die Leistungserstellungszeit. Der Zeitabschnitt, in dem die abgerechneten Leistungen erstellt worden sind, entspricht auch dem Zeitabschnitt, in dem die Kosten entstanden sind. Diese Angabe ist für die Selbstkostenpreisprüfung von Bedeutung, da die entsprechende Abrechnungsperiode maßgebend ist;
2. über Vor- bzw. Nachlieferungen. Das sind dem Auftragsgegenstand gleichartige Leistungen, die vor den abgerechneten Leistungen bereits geliefert wurden, bzw. laut Auftragsbestand oder Auftragszusage noch zu liefern sind.

c) Erklärungen des Auftragnehmers

Der öffentliche Auftraggeber kann vom Auftragnehmer verlangen, Erklärungen über zwei Fragen abzugeben:
1. daß die in der Selbstkostenpreiskalkulation eingesetzten Preise und Entgelte den bestehenden preisrechtlichen Vorschriften entsprechen;
2. daß die Selbstkostenpreiskalkulation nach den Vorschriften der LSP vorgenommen wurde.

Diese Erklärungen wollen die Preisprüfung erleichtern, denn sie werden den Auftragnehmer veranlassen, nochmals den Aufbau und die Ansätze der Selbstkostenpreiskalkulation zu überprüfen. Sie sollen in schriftlicher Form erteilt werden.

Fünftes Kapitel

Die Anforderungen an das Rechnungswesen

I. Die Forderung nach einem geordneten Rechnungswesen

Als im Jahre 1938 die LSÖ erlassen wurden, enthielten sie als eine der wesentlichsten Bestimmungen die Forderung, daß der Auftragnehmer zur Führung eines zweckentsprechend gegliederten und zahlenmäßig einwandfreien Rechnungswesens verpflichtet ist. Hinsichtlich der formellen Ausgestaltung verwiesen die LSÖ auf bereits bestehende Vorschriften, vor allem auf die Buchhaltungsrichtlinien vom 11. 11. 1937. Diese Bestimmung war ein weiterer Beweis für das staatliche Interesse, in den Betrieben ein geordnetes Rechnungswesen einzuführen, um den Widerspruch zwischen der Notwendigkeit eines ausgebauten Rechnungswesens auf Grund weitgehender Orientierung zum Selbstkostenpreis bzw. gebundenen Preis und dem tatsächlichen Vorhandensein eines hierfür noch ungenügend entwickelten Rechnungswesens zu lösen. Weitere Vorschriften folgten in den Kostenrechnungsgrundsätzen vom 16. 1. 1939 und in deren Weiterentwicklungen durch die Wirtschaftsgruppen: den Kostenrechnungsregeln vom 24. 3. 1942 und den Kostenrechnungsrichtlinien für den Metallblock vom 12. 6. 1942 (beide datiert vom 7. 3. 1942).

Auch die LSP enthalten in einer Bestimmung über die Einrichtung und Ausgestaltung des Rechnungswesens die Forderung, daß der Auftragnehmer zur Führung eines geordneten Rechnungswesens verpflichtet ist. In einer Erläuterung dazu wird gesagt, daß das Rechnungswesen jederzeit die Feststellung der Kosten und Leistungen, die Abstimmung der Kosten- und Leistungsrechnung mit der Aufwands- und Ertragsrechnung sowie die Ermittlung von Preisen auf Grund von Selbstkosten ermöglichen soll.

Obwohl der Wortlaut der Bestimmungen von LSÖ und LSP über das Rechnungswesen sich unterscheiden, so haben doch beide Leitsätze das gemeinsame Ziel, daß der Preisermittlung auf Grund von Selbstkosten ein Rechnungswesen zugrunde liegt, das zahlenmäßig den gesamten Prozeß des Wertverzehrs und der Wertentstehung im Betriebe verfolgt und damit im Selbstkostenpreis Zahlen zum Ausdruck kommen, die den tatsächlichen Gegebenheiten entsprechen.

Seit dem Erlaß der LSÖ sind hinsichtlich der Einrichtung und Ausgestaltung des Rechnungswesens in den Betrieben gute Fortschritte gemacht worden, dennoch bleibt manches zu tun übrig, da nach 1945, als das staatliche Interesse für das Rechnungswesen der Betriebe nachließ, in vielen Unternehmungen eine betriebswirtschaftlich zu bedauernde Rückentwicklung einsetzte. Besonders in Mittel- und Kleinbetrieben widmete man sich wiederum mit Vorzug der Finanzbuchhaltung, die nach steuerpolitischen Gesichtspunkten ausgerichtet wurde.

Was unter einem geordneten Rechnungswesen zu verstehen ist, wird aus den vom Bundesverband der Deutschen Industrie herausgegebenen Grundsätzen für das Rechnungswesen ersichtlich. Danach hat ein geordnetes Rechnungswesen — bei gleichzeitiger Erfüllung der gesetzlichen Anforderungen — insbesondere folgende Aufgaben zu erfüllen:

1. die zahlenmäßige Festhaltung aller wirtschaftlichen und rechtlichen Vorgänge, soweit sie Veränderungen des Vermögens und des Kapitals herbeiführen;
2. die Feststellung der Aufwendungen, Erträge und Ergebnisse am Ende und während der Wirtschaftsperiode (Jahresabschluß, Zwischenbilanzen, Ergebnisrechnungen);
3. die Ermittlung von Kosten und Leistungen;
4. die Schaffung von Unterlagen, deren Auswertung eine Überwachung der Kosten und Leistungen sowie der Wirtschaftlichkeit ermöglicht und die unternehmerische Disposition erleichtert;
5. die Schaffung von Unterlagen für zwischenbetriebliche Vergleiche;
6. die Schaffung von Unterlagen, die dem Betrieb die Beurteilung seiner Kostenlage im Verhältnis zum Marktpreis ermöglichen;
7. die Schaffung von Unterlagen, die für die Ermittlung von Angebotspreisen dienen können.

Die vorstehenden Aufgaben werden von mehreren Zweigen des Rechnungswesens erfüllt, die zwar ihre eigenen Anwendungsgebiete haben, aber eng zusammenhängen und sich gegenseitig ergänzen. Hierzu gehören:
1. die Buchführung (Finanz- bzw. Geschäftsbuchhaltung, die zur Bilanz und Jahreserfolgsrechnung führt);
2. die Kosten- und Leistungsrechnung (als kurzfristige Periodenrechnung = Betriebsbuchhaltung und als Stückrechnung = Kalkulation);
3. die Statistik (betriebswirtschaftliche Statistik oder auch Betriebsstatistik);
4. die Planung (systematisch-schriftliche Betriebsplanung oder auch Budget).

Aus dieser Aufzählung ist der Umfang eines geordneten Rechnungswesens zu ersehen. Darüber hinaus gehört zum Begriff des ordnungsmäßigen Rechnungswesens, daß die Buchführung und die Kosten- und Leistungsrechnung nach den erwähnten Grundsätzen für das Rechnungswesen unter Berücksichtigung der Betriebsgröße und unter Wahrung der Wirtschaftlichkeit ausgestaltet werden sollen.

II. Der Ausbau der Kosten- und Leistungsrechnung

Wenn auch die LSP in die Einrichtung und Ausgestaltung des Rechnungswesens nicht direkt eingreifen wollen, so werden jedoch die Unternehmungen, die öffentliche Aufträge ausführen bzw. an ihnen interessiert sind, ihr Rechnungswesen auf die erwähnten Anforderungen hin überprüfen müssen. Es wurde bereits angedeutet, daß das Interesse der Unternehmungen bisher vornehmlich der Finanzbuchhaltung galt, bedingt durch die Steuergesetzgebung, die die Unternehmungen zwingt, den Aufwands- und Ertragsprozeß in den Vordergrund ihrer Betrachtung zu stellen. Dabei ist in vielen Fällen die rechnerische Verfolgung der innerbetrieblichen Vorgänge vernachlässigt worden. Die Ermittlung des Selbstkostenpreises bedarf jedoch der Erfassung des Wertverzehrs am Ort der Entstehung, denn den Leistungen für öffentliche Aufträge werden nicht die Aufwendungen sondern die Kosten zugerechnet. Daher setzt die Preisermittlung auf Grund der Selbstkosten in erster Linie eine ausgebaute Kosten- und Leistungsrechnung voraus.

Beim Ausbau der Kosten- und Leistungsrechnung geht man von der bestehenden Aufwands- und Ertragsrechnung aus. Der größte Teil der Aufwendungen ist zugleich auch Kosten (aufwandsgleiche Kosten); Aufwand und Kosten unterscheiden sich nur durch die neutralen Aufwendungen einerseits und die Zusatzkosten andererseits. Auch die Leistungen stimmen weitgehend mit den Erträgen überein; Unterschiede entstehen gleichfalls nur durch neutrale Erträge und Zusatzleistungen (Bestandsänderungen, innerbetriebliche Leistungen). Die extern orientierte, auf Zahlungsvorgängen beruhende, langfristige Geschäftsbuchhaltung wird durch die intern orientierte, auf Kosten und Leistung beruhende, kurzfristige Betriebsbuchhaltung ergänzt, die nunmehr den betrieblichen Prozeß des Wertverzehrs und der Werterstehung rechnerisch verfolgt. Geschäftsbuchhaltung und Betriebsbuchhaltung werden in einem besonderen Organisationsplan, dem Kontenplan, voneinander abgegrenzt und miteinander koordiniert. Grundlage für den betriebsindividuellen Kontenplan ist der Gemeinschaftskontenrahmen (GKR) vom Dezember 1949.

Obwohl die LSP in vielen Fällen eine Berücksichtigung betriebsindividueller Verhältnisse zulassen, stellen sie jedoch im Grundsatz an Umfang und Tiefe der Kosten- und Leistungsrechnung hohe Anforderungen. Daher muß die Kosten- und Leistungsrechnung der einzelnen Unternehmung folgendes enthalten:

1. eine Kostenartenrechnung. Sie erfaßt die Kosten, gliedert sie nach der Art des Wertverzehrs und verrechnet sie von dort aus auf die Kostenträger direkt oder auf die Kostenstellen (also indirekt auf den Kostenträger). Die Kostenartenrechnung beantwortet die Frage: „Welche Arten von Gütern und Diensten sind verbraucht worden?" Im Kontenrahmen füllt sie die Klasse 4 aus. Die Gliederung der Kostenarten innerhalb der Klasse 4 ist aus dem Gemeinschaftskontenrahmen ersichtlich; die LSP haben sich bereits bei der Aufstellung der Bestandteile des Selbstkostenpreises weitgehend an diese Gliederung angelehnt;

2. eine Kostenstellenrechnung. In ihr werden die Kosten gesammelt, die den Kostenträgern nur indirekt, d. h. auf Grund der Beanspruchung der einzelnen Stellen zugerechnet werden können. Sie dient damit primär der Erfüllung des Grundsatzes genauer

II. Der Ausbau der Kosten- und Leistungsrechnung

Kostenzurechnung auf den Kostenträger. Daneben erfüllt sie aber auch die Aufgabe der Kosten- und Leistungsüberwachung, da die Kostenstellen zugleich als Verantwortungsbereiche angesehen werden können. Die Kostenstellenrechnung beantwortet die Frage: „In welchen Tätigkeitsbereichen, an welchen Stellen und für welche Funktionen wurden Güter und Dienste verbraucht?" Sie kann kontenmäßig in den Klassen 5—6 des Kontenrahmens oder tabellarisch im sog. Betriebsabrechnungsbogen (BAB), der ein Kostenstellenbogen ist, durchgeführt werden. Benennung und Umfang der Kostenstellen ist abhängig von der Art des betrieblichen Leistungsprozesses;

3. eine Kostenträgerrechnung. Hier wird das eigentliche Ziel der Kostenrechnung erreicht: die Zurechnung der Kosten auf die Kostenträger, d. h. auf die Leistungen, die sie verursacht haben. Die Kostenträger können Fertigfabrikate oder Halbfabrikate sein. Die Kostenträgerrechnung beantwortet die Frage: „Für welche Leistungen (Erzeugnisse) wurden die Güter und Dienste verbraucht?" Auch die Kostenträgerrechnung kann kontenmäßig in der Klasse 7 des Kontenrahmens oder tabellarisch durchgeführt werden. Benennung und Umfang der Kostenträger ist vom Leistungsprogramm des Betriebes abhängig;

4. eine Leistungsrechnung. Sie steht der Kostenrechnung gegenüber und umschließt zugleich die Verkaufs- und Erlösrechnung der Klasse 8. Die Leistungsmengen und -werte der Kostenträger werden erfaßt und ihren Selbstkosten gegenübergestellt;

5. eine Betriebsergebnisrechnung. Aus der Gegenüberstellung der Kosten und Leistungen wird die Differenz, das Betriebsergebnis oder der Betriebserfolg, ermittelt. Dieses Ergebnis kann für die Abrechnungsperiode, für jeden Kostenträger bzw. für Kostenträgergruppen aber auch für die Kostenstellen ermittelt werden. Die periodische Erfolgsrechnung, die das eigentliche Ergebnis der Arbeitstätigkeit, den Arbeitserfolg, feststellt, wird in der Klasse 9 des Kontenrahmens durchgeführt.

Einige Kostenarten werden in der Regel infolge ihrer relativ großen Bedeutung innerhalb des gesamten Kostengefüges in besonderen, der Kostenartenrechnung vorgelagerten Hilfsrechnungen bearbeitet, die den Umfang von Nebenbuchhaltungen annehmen

können. Es sind dies die Stoffkosten, Arbeitskosten und Abschreibungen, die zu den Hilfsrechnungen (Nebenbuchhaltungen):
1. der Stoffrechnung (Materialbuchhaltung),
2. der Lohnrechnung (Lohnbuchhaltung) und
3. der Anlagenrechnung (Anlagenbuchhaltung)

führen. Nach den LSP ist außerdem eine Wagnisrechnung notwendig, die die kalkulatorischen Einzelwagnisse erfaßt und verrechnet.

Die obigen Ausführungen konnten nur stichpunktartig auf die Problematik des Ausbaues einer ordnungs- und zweckmäßigen Kosten- und Leistungsrechnung eingehen, um den Rahmen der Schrift nicht zu sprengen. Der interessierte Leser wird daher auf die Spezialliteratur verwiesen[13]. Die Aufgabe der Schrift bestand darin, eine praktische Anleitung zur Durchführung von Kalkulationen öffentlicher Aufträge nach den neuen Bestimmungen zu geben.

---

[13] a) *Kosiol*, Erich: Kalkulatorische Buchhaltung (Betriebsbuchhaltung), 5. Aufl., Wiesbaden 1953.
b) *Kosiol*, Erich: Grundriß der Betriebsbuchhaltung, 2. Aufl., Wiesbaden 1951.
c) *Kosiol*, Erich: Warenkalkulation in Handel und Industrie, 2. Aufl., Stuttgart 1953.
d) Grundsätze und Gemeinschafts-Richtlinien für das Rechnungswesen, Ausgabe Industrie, herausgegeben vom Bundesverband der deutschen Industrie, Betriebswirtschaftlicher Ausschuß, in Gemeinschaft mit namhaften Fachleuten bearbeitet von Dr. Gerhard Dirks, Frankfurt am Main 1949—51.

Literaturverzeichnis

1. Selbständige Bücher

Fischer, Guido: LSÖ Kosten und Preis. Leipzig 1941.

Fratz: LSÖ und Kalkulationspraxis. Wiesbaden o. J.

Grochla, Erwin: Betrieb und Wirtschaftsordnung. Das Problem der Wirtschaftsordnung aus betriebswirtschaftlicher Sicht. Verlag Duncker & Humblot, Berlin 1954.

Grundsätze und Gemeinschaftsrichtlinien für das Rechnungswesen. Ausgabe Industrie. Herausgegeben vom Bundesverband der Deutschen Industrie, Betriebswirtschaftlicher Ausschuß, in Gemeinschaft mit namhaften Fachleuten bearbeitet von Dr. Gerhard Dirks. Frankfurt am Main 1949—1951.

Hess-Zeidler: Kommentar der RPÖ und LSÖ und weiterer Erlasse. Hamburg 1943.

Kosiol, Erich: Kalkulatorische Buchhaltung (Betriebsbuchhaltung). 5. Aufl. Wiesbaden 1953.

Kosiol, Erich: Grundriß der Betriebsbuchhaltung. 2. Aufl. Wiesbaden 1951.

Kosiol, Erich: Warenkalkulation in Handel und Industrie. 2. Aufl. Stuttgart 1953.

Kosiol, Erich: Divisionsrechnung in der industriellen Kalkulation und Betriebsabrechnung. Frankfurt am Main o. J. (1949).

Kosiol, Erich: Anlagenrechnung und Abschreibungen. 2. Aufl. Wiesbaden 1954.

Pribilla, Max E.: Preisbildung, Kosten und Gewinne bei öffentlichen Aufträgen. Berlin 1942.

Schwantag, K.-*Wagner*, Erich: Wie ermittelt der Betrieb das betriebsnotwendige Kapital und die verbrauchsbedingten Abschreibungen? Hamburg 1941.

Wagner, Erich: Die LSÖ-Kalkulation in der Seifenindustrie. Berlin 1940.

2. Beiträge in Sammelwerken und Zeitschriften

Fischer, Guido: Die Neuregelung von Preisen und Kosten für Aufträge von öffentlichen Auftraggebern; LSP statt LSÖ. Zeitschrift für Betriebswirtschaft, Jg. 1954, S. 7 ff.

Hohmann, Karl: Die Preisbildung bei öffentlichen Aufträgen. Die Wirtschaftsprüfung, Jg. 1954, S. 25 ff.

Kloidt, Heinrich: Die rechnerischen Verfahren der Kalkulation in Industriebetrieben. Taschenbuch für den Betriebswirt 1954, Berlin-Stuttgart 1954.

Michaelis: Die neuen Leitsätze für die Preisermittlung. Steigerung der Produktivität — Hebung des Lebensstandards, Berlin 1953, S. 109 ff.

Michaelis, Hans: VPÖ und LSÖ in neuer Gestalt. Der Betrieb, Jg. 1953, S. 85 ff.

Pöckel, E.: Die neuen Leitsätze für Preisbildung (LSP). Steigerung der Produktivität — Hebung des Lebensstandards, Berlin 1953, S. 100 ff.

Stichwort Preisrecht. Taschenbuch für den Betriebswirt 1953, Berlin-Stuttgart 1953, S. 194 ff.

Anhang

I.

Verordnung PR Nr. 30/53
über die Preise bei öffentlichen Aufträgen
Vom 21. November 1953

Um marktwirtschaftliche Grundsätze auf dem Gebiet des öffentlichen Auftragswesens verstärkt durchzusetzen, wird auf Grund des § 2 des Preisgesetzes vom 10. April 1948 (WiGBl. S. 27) / 3. Februar 1949 (WiGBl. S. 14) / 21. Januar 1950 (Bundesgesetzbl. S. 7) / 8. Juli 1950 (Bundesgesetzbl. S. 274) / 25. September 1950 (Bundesgesetzbl. S. 681) / 23. Dezember 1950 (Bundesgesetzbl. S. 824) und 29. März 1951 (Bundesgesetzbl. I S. 223) in der sich aus § 37 des Gesetzes über die Investitionshilfe der gewerblichen Wirtschaft vom 7. Januar 1952 (Bundesgesetzbl. I S. 7) ergebenden Fassung verordnet:

§ 1
Grundsatz

(1) Für Leistungen auf Grund öffentlicher Aufträge ist bei der Vereinbarung von Preisen grundsätzlich Marktpreisen gemäß § 4 vor Selbstkostenpreisen gemäß §§ 5 bis 8 der Vorzug zu geben.

(2) Soweit es die Verhältnisse des Auftrages ermöglichen, sind feste Preise zu vereinbaren. Die Preise sollen bei Abschluß des Vertrages festgelegt werden.

(3) Für Leistungen auf Grund öffentlicher Aufträge dürfen höhere Preise nicht gefordert, versprochen, vereinbart, angenommen oder gewährt werden, als nach den Bestimmungen dieser Verordnung zulässig ist.

§ 2
Geltungsbereich

(1) Öffentliche Aufträge im Sinne dieser Verordnung sind die Aufträge des Bundes, der Länder, der Gemeinden und Gemeindeverbände und der sonstigen juristischen Personen des öffentlichen Rechts, ferner, soweit dies der Bundesminister für Wirtschaft allgemein oder im Einzelfall verfügt und der Auftragnehmer hiervon vor oder bei Abschluß seines Vertrages Kenntnis erhalten hat oder nach Abschluß des Vertrages zustimmt, die Aufträge der Unternehmungen des Privatrechts, denen

die Vergabe von Aufträgen durch juristische Personen des öffentlichen Rechts übertragen wurde.

(2) Der Bundesminister für Wirtschaft kann im Einvernehmen mit dem fachlich zuständigen Bundesminister verfügen, daß die Vorschriften dieser Verordnung auf Aufträge bestimmter Unternehmen, die juristische Personen des öffentlichen Rechts sind oder von juristischen Personen des öffentlichen Rechts betrieben werden, sofern sie mit ihren Lieferungen und Leistungen im Wettbewerb mit privaten Unternehmen stehen, nicht anzuwenden sind.

(3) Die Bestimmungen dieser Verordnung sind, ohne daß es im Einzelfall einer Vereinbarung bedarf, auf Leistungen an die Besatzungsmächte anzuwenden, soweit diese Leistungen aus deutschen Haushalten bezahlt werden und soweit nicht Besatzungsrecht entgegensteht.

(4) Der Bundesminister für Wirtschaft kann, wenn zwischenstaatliche Vereinbarungen dies zulassen, verfügen, daß diese Verordnung ganz oder teilweise auf Aufträge für Verteidigungszwecke anzuwenden ist, die internationale Gemeinschaften oder Dienststellen anderer Staaten vergeben.

(5) Die Bestimmungen dieser Verordnung finden auch Anwendung
1. auf Verlangen des öffentlichen Auftraggebers bei mittelbaren Leistungen zu öffentlichen Aufträgen, soweit der mittelbare Auftragnehmer von diesem Verlangen vor oder bei Abschluß seines Vertrages Kenntnis erhalten hat oder nach Abschluß des Vertrages zustimmt,
2. bei den von deutschen Behörden angeordneten Leistungsauflagen und Leistungsanweisungen mit der Maßgabe, daß die nach dieser Verordnung zulässigen Preise nicht ohne Zustimmung des Auftragnehmers unterschritten werden dürfen.

(6) Unbeschadet des § 12 Abs. 3 und 4 gelten die Bestimmungen dieser Verordnung nicht für Bauleistungen im Sinne der Verordnung PR Nr. 32/51 über die Baupreisbildung für öffentliche und mit öffentlichen Mitteln finanzierte Aufträge (Baupreisverordnung) vom 11. Mai 1951 (Bundesanzeiger Nr. 92 vom 17. Mai 1951) in der Fassung der Verordnung PR Nr. 5/52 vom 18. Januar 1952 (Bundesanzeiger Nr. 16 vom 24. Januar 1952) und der Verordnung PR Nr. 36/52 vom 6. Mai 1952 (Bundesanzeiger Nr. 91 vom 13. Mai 1952).

§ 3

Geltung der Preisvorschriften

Öffentliche Aufträge unterliegen den allgemeinen und besonderen Preisvorschriften.

§ 4

Preise für marktgängige Leistungen

(1) Für marktgängige Leistungen dürfen die im Verkehr üblichen preisrechtlich zulässigen Preise nicht überschritten werden.

(2) Bei Leistungen, die unter gleichartigen Voraussetzungen mit marktgängigen Leistungen im wesentlichen vergleichbar sind (vergleichbare

Leistungen), sind Abschläge vorzunehmen oder können Zuschläge vorgenommen werden, soweit es die Abweichungen von den marktgängigen Leistungen rechtfertigen.

(3) Dem öffentlichen Auftraggeber sind Vorteile, insbesondere Mengen- und Wertrabatte, Skonti und besondere Lieferungsbedingungen einzuräumen, die beim Vorliegen gleicher Verhältnisse nichtöffentlichen Auftraggebern üblicherweise gewährt werden oder gewährt werden würden.

(4) Die Preise nach den Absätzen 1 bis 3 sind zu unterschreiten oder können überschritten werden, wenn es die bei dem Auftrag vorliegenden besonderen Verhältnisse kostenmäßig rechtfertigen.

§ 5

Selbstkostenpreise

(1) Selbstkostenpreise müssen auf die angemessenen Kosten des Auftragnehmers abgestellt werden, sie dürfen nur ausnahmsweise vereinbart werden, wenn
1. Preise nach den §§ 3 und 4 nicht festgestellt werden können oder
2. eine Mangellage vorliegt oder der Wettbewerb auf der Anbieterseite beschränkt ist und hierdurch die Preisbildung nach § 4 nicht nur unerheblich beeinflußt wird.

(2) Kommt zwischen dem Auftraggeber und dem Auftragnehmer kein Einverständnis über das Vorliegen der Voraussetzungen gemäß Absatz 1 Nummer 2 zustande, so entscheidet hierüber auf Antrag durch Verfügung,
1. der Bundesminister für Wirtschaft, wenn die Mangellage oder die Wettbewerbsbeschränkung die Preisbildung in mehr als einem Land beeinflußt oder beeinflussen kann,
2. die für den Sitz des Auftragnehmers zuständige Preisbildungsstelle in allen übrigen Fällen.

(3) Soweit es die Verhältnisse des Auftrages ermöglichen, ist mit dem Angebot eine Selbstkostenpreisberechnung vorzulegen.

(4) Werden Aufträge über gleiche Leistungen mehreren Auftragnehmern zu Selbstkostenpreisen erteilt, so sollen bei Vorliegen gleicher Voraussetzungen in der Regel gleiche Preise vereinbart werden. Als gleich gelten Leistungen, die sich in Ausführung, Liefermenge, Lieferzeitraum und Lieferungs- und Zahlungsbedingungen im wesentlichen entsprechen. Zur Ermittlung der Preise sind die Selbstkostenpreise derjenigen Unternehmen heranzuziehen, die der Auftraggeber an der Leistung zu beteiligen beabsichtigt oder beteiligt hat. Der Preisbildung soll der Selbstkostenpreis eines guten Betriebes zugrunde gelegt werden.

(5) Ist ein Auftrag zu Selbstkostenpreisen vergeben worden, so ist bei jedem weiteren Auftrag (Anschlußauftrag) zu prüfen, ob für die betreffende Leistung Preise gemäß § 4 vereinbart werden können.

(6) Selbstkostenpreise können vereinbart werden als
1. Selbstkostenfestpreise oder Selbstkostenrichtpreise gemäß § 6,
2. Selbstkostenerstattungspreise gemäß § 7.

§ 6
Selbstkostenfestpreise und Selbstkostenrichtpreise

(1) Selbstkostenpreise sind möglichst als Selbstkostenfestpreise zu vereinbaren.

(2) Die Selbstkostenfestpreise sind auf Grund von Kalkulationen zu ermitteln und bei, spätestens aber unmittelbar nach Abschluß des Vertrages festzulegen.

(3) Kann ein Selbstkostenfestpreis nicht festgestellt werden, so ist beim Abschluß des Vertrages zunächst ein vorläufiger Selbstkostenpreis (Selbstkostenrichtpreis) zu vereinbaren. Der Selbstkostenrichtpreis ist vor Beendigung der Fertigung, sobald die Grundlagen der Kalkulation übersehbar sind, möglichst in einen Selbstkostenfestpreis umzuwandeln.

§ 7
Selbstkostenerstattungspreise

(1) Selbstkostenerstattungspreise dürfen nur vereinbart werden, wenn eine andere Preisermittlung nicht möglich ist. Die Höhe der erstattungsfähigen Kosten kann ganz oder teilweise durch Vereinbarung begrenzt werden.

(2) Soweit es die Verhältnisse des Auftrages ermöglichen, soll in Vereinbarungen über Selbstkostenerstattungspreise vorgesehen werden, daß für einzelne Kalkulationsbereiche feste Sätze gelten.

§ 8
Ermittlung der Selbstkostenpreise

Werden Selbstkostenpreise (§§ 5 bis 7) vereinbart, so sind die als Anlage beigefügten Leitsätze für die Preisermittlung auf Grund von Selbstkosten anzuwenden.

§ 9
Prüfung der Preise

(1) Der Auftragnehmer hat den für die Preisbildung und Preisüberwachung zuständigen Behörden das Zustandekommen des Preises auf Verlangen nachzuweisen. Aus den Unterlagen muß ersichtlich sein, daß der Preis nach den Vorschriften dieser Verordnung zulässig ist. Diese Unterlagen sind, soweit nicht andere Vorschriften eine längere Frist vorsehen, mindestens 5 Jahre aufzubewahren.

(2) Die für die Preisbildung und Preisüberwachung zuständigen Behörden sind berechtigt zu prüfen, ob die Vorschriften dieser Verordnung beachtet worden sind. Der Auftragnehmer und die für die Leitung des Unternehmens verantwortlichen Personen sind verpflichtet, die zu diesem Zwecke erforderlichen Auskünfte zu erteilen.

(3) Die für die Preisbildung und Preisüberwachung zuständigen Behörden können die Unterlagen einsehen, Abschriften oder Auszüge aus diesen Unterlagen anfertigen lassen und die Betriebe besichtigen.

§ 10
Feststellung der Angemessenheit von Selbstkostenpreisen durch öffentliche Auftraggeber

(1) Der öffentliche Auftraggeber ist, sofern der Bundesminister für Wirtschaft ihn hierzu allgemein oder im Einzelfall ermächtigt hat, berechtigt, im Benehmen mit der für die Preisbildung und Preisüberwachung zuständigen Behörde festzustellen, daß ein Selbstkostenpreis den Vorschriften dieser Verordnung entspricht. § 9 Abs. 2 Satz 2 und Abs. 3 gelten entsprechend. Die Feststellung ist bei einem Selbstkostenfestpreis nur in der Zeit von der Angebotsabgabe bis zum Abschluß der Vereinbarung zulässig. Das gleiche gilt bei einem Selbstkostenrichtpreis oder Selbstkostenerstattungspreis hinsichtlich vereinbarter fester Sätze für einen Kalkulationsbereich.

(2) Die Beanspruchung des Auftragnehmers durch Feststellungen gemäß Absatz 1 hat sich in angemessenem Verhältnis zur wirtschaftlichen Bedeutung der Leistung für den Auftraggeber und den Auftragnehmer zu halten.

(3) Der Auftragnehmer kann bei der für die Preisbildung und Preisüberwachung zuständigen Behörde ihre Beteiligung an der Feststellung der Selbstkostenpreise beantragen.

(4) Bestehen zwischen dem Auftraggeber und dem Auftragnehmer über das Ergebnis der Feststellung Meinungsverschiedenheiten, so sollen Auftraggeber und Auftragnehmer zunächst eine gütliche Einigung über den Selbstkostenpreis anstreben. Kommt eine Einigung nicht zustande, so setzt auf Antrag eines Beteiligten die für den Sitz des Auftragnehmers zuständige Preisbildungsstelle den Selbstkostenpreis fest.

(5) Eine Ermächtigung nach Absatz 1 darf den Unternehmen des Privatrechts, denen die Vergabe von Aufträgen durch juristische Personen des öffentlichen Rechts übertragen wurde, nicht gegeben werden.

(6) Die Behörden der Besatzungslastenverwaltung stehen bei der Feststellung von Selbstkostenpreisen hinsichtlich der in § 2 Abs. 3 bezeichneten Leistungen den öffentlichen Auftraggebern gleich.

§ 11
Zuwiderhandlungen

Zuwiderhandlungen gegen die Bestimmungen dieser Verordnung werden nach den Strafbestimmungen des Gesetzes zur Vereinfachung des Wirtschaftsstrafrechts (Wirtschaftsstrafgesetz) vom 26. Juli 1949 (WiGBl. S. 193) in der Fassung des Gesetzes vom 25. März 1952 (Bundesgesetzbl. I S. 188) / 17. Dezember 1952 (Bundesgesetzbl. I S. 805) geahndet.

§ 12
Inkrafttreten

(1) Diese Verordnung tritt am 1. Januar 1954 in Kraft.

(2) Für die vor dem Inkrafttreten dieser Verordnung abgeschlossenen, vom Auftragnehmer noch nicht oder noch nicht voll erfüllten Verträge gilt folgendes:

1. Vereinbarungen, nach denen Marktpreise oder Selbstkostenfestpreise zu zahlen sind, bleiben unberührt.
2. Selbstkostenrichtpreise sind nach den Vorschriften dieser Verordnung umzuwandeln.
3. Selbstkostenerstattungspreise sind nach den Vorschriften dieser Verordnung für diejenigen Leistungen, Teilleistungen und Teile von Leistungen zu ermitteln, die nach dem Inkrafttreten dieser Verordnung erbracht werden.

(3) Nachstehende Vorschriften treten außer Kraft, soweit sie nicht nach den in Absatz 4 genannten Vorschriften weiter anzuwenden sind:
1. die Verordnung über die Preise bei öffentlichen Aufträgen (VPÖ) vom 11. August 1943 (Reichsgesetzbl. I S. 482),
2. die Verordnung über die Preisermittlung auf Grund der Selbstkosten bei Leistungen für öffentliche Auftraggeber vom 15. November 1938 (Reichsgesetzbl. I S. 1623) in der Fassung der Änderungsverordnung vom 12. Februar 1942 (Reichsgesetzbl. I S. 89) und deren Anlage, die Leitsätze für die Preisermittlung auf Grund der Selbstkosten bei Leistungen für öffentliche Auftraggeber (LSÖ) vom 15. November 1938 (Reichsgesetzbl. I S. 1624) / vom 12. Februar 1942 (Reichsgesetzbl. I S. 89).

(4) Nachstehende Bestimmungen sind vom Tage des Inkrafttretens dieser Verordnung an nur noch auf Bauleistungen im Sinne der Baupreisverordnung vom 11. Mai 1951 anzuwenden:
1. die Erste Durchführungsverordnung zur Verordnung über die Preisermittlung auf Grund der Selbstkosten bei Leistungen für öffentliche Auftraggeber und zur Verordnung über die Preisermittlung auf Grund der Selbstkosten bei Bauleistungen für öffentliche Auftraggeber vom 11. März 1941 (Reichsgesetzbl. I S. 140) mit deren Anlage, den Leitsätzen für die Preisermittlung nach den LSÖ und LSBÖ bei mittelbaren Leistungen für öffentliche Auftraggeber vom 11. März 1941 (Reichsgesetzbl. I S. 140),
2. Bekanntmachung von Richtsätzen für die Bemessung des kalkulatorischen Gewinnes nach den LSÖ und LSBÖ (1. Bekanntmachung LSÖ, LSBÖ) vom 12. Februar 1942 (RA Nr. 51),
3. § 6 der Anordnung über Preisbildung und Preisüberwachung nach der Währungsreform vom 25. Juni 1948 (WiGBl. S. 61).

Bonn, den 21. November 1953.

I B 1/5114/53.

Der Bundesminister für Wirtschaft
Ludwig Erhard

Anhang

Anlage II.
zur Verordnung PR Nr. 30/53
vom 21. November 1953.

Leitsätze für die Preisermittlung auf Grund von Selbstkosten

Inhaltsübersicht

I. Allgemeines
- Nr. 1 Geltungsbereich
- Nr. 2 Einrichtung und Ausgestaltung des Rechnungswesens
- Nr. 3 Erklärung des Auftragnehmers

II. Preisermittlung auf Grund von Selbstkosten
- Nr. 4 Kosten und Selbstkostenpreise
- Nr. 5 Arten der Preisermittlung auf Grund von Selbstkosten
- Nr. 6 Arten der Selbstkostenpreise
- Nr. 7 Mengenansatz
- Nr. 8 Bewertung
- Nr. 9 Allgemeine Angaben zu Preiskalkulationen
- Nr. 10 Gliederung der Preiskalkulationen

III. Bestandteile des Selbstkostenpreises

A. Stoffe
- Nr. 11 Fertigungsstoffe
- Nr. 12 Auswärtige Bearbeitung
- Nr. 13 Hilfs- und Betriebsstoffe
- Nr. 14 Sonderbetriebsmittel
- Nr. 15 Brennstoffe und Energie
- Nr. 16 Mengenermittlung
- Nr. 17 Bewertung
- Nr. 18 Einstandspreis
- Nr. 19 Zulieferungen aus eigenen Vorbetrieben
- Nr. 20 Beistellung von Stoffen
- Nr. 21 Reststoffe

B. Löhne, Gehälter und andere Personalkosten
- Nr. 22 Verrechnung
- Nr. 23 Ansatz
- Nr. 24 Bewertung
- Nr. 25 Sozialkosten

C. Instandhaltung und Instandsetzung
- Nr. 26 Ansatz

D. Entwicklungs- und Entwurfs- und Versuchsaufträge
- Nr. 27 „Freie" und „gebundene" Entwicklung
- Nr. 28 Nachweis

E. Fertigungsanlauf, Bauartänderungen
Nr. 29 Ansatz

F. Steuern, Gebühren, Beiträge
Nr. 30 Steuern
Nr. 31 Lastenausgleich
Nr. 32 Gebühren und Beiträge

G. Lizenzen, Patente und gewerblicher Rechtsschutz
Nr. 33 Ansatz und Verrechnung

H. Mieten, Büro-, Werbe- und Transportkosten und dgl.
Nr. 34 Mengenansatz und Bewertung

I. Vertriebssonderkosten
Nr. 35 Vetreterprovisionen
Nr. 36 Versandbedingungen und Versandkosten

K. Kalkulatorische Kosten
  a) Anlageabschreibungen
    Nr. 37 Begriff
    Nr. 38 Abschreibungsbetrag und Bewertungsgrundsatz
    Nr. 39 Nutzung der Anlagen
    Nr. 40 Berücksichtigung abweichender Kosten
    Nr. 41 Sonderabschreibungen
    Nr. 42 Anlagenachweis
  b) Zinsen
    Nr. 43 Bemessung
    Nr. 44 Ermittlung des betriebsnotwendigen Kapitals
    Nr. 45 Wertansatz des betriebsnotwendigen Vermögens
    Nr. 46 Mengenansatz des betriebsnotwendigen Vermögens
  c) Einzelwagnisse
    Nr. 47 Abgrenzung
    Nr. 48 Verrechnung
    Nr. 49 Ermittlung der kalkulatorischen Wagniskosten
    Nr. 50 Nachweis

L. Kalkulatorischer Gewinn
Nr. 51 Begriff
Nr. 52 Höhe und Zurechnung

I. Allgemeines

Nr. 1 **Geltungsbereich**

(1) Die Leitsätze regeln die Preisermittlung auf Grund von Selbstkosten,
  a) soweit Rechtsverordnungen oder Verfügungen
    aa) die Anwendung dieser Leitsätze vorschreiben oder

Anhang

bb) dem Auftraggeber das Recht einräumen, die Anwendung dieser Leitsätze zu fordern und er von diesem Recht Gebrauch macht oder

b) soweit Auftraggeber und Auftragnehmer die Anwendung dieser Leitsätze preisrechtlich zulässig vereinbaren.

(2) Sie regeln insbesondere die Preisermittlung bei allen Vereinbarungen gemäß §§ 5 bis 8 der Verordnung PR Nr. 30/53 über die Preise bei öffentlichen Aufträgen vom 21. November 1953 (Bundesanzeiger Nr. 244 vom 18. Dezember 1953).

Nr. 2 **Einrichtung und Ausgestaltung des Rechnungswesens**

Der Auftragnehmer ist zur Führung eines geordneten Rechnungswesens verpflichtet. Dieses muß jederzeit die Feststellung der Kosten und Leistungen, die Abstimmung der Kosten- und Leistungsrechnung mit der Aufwands- und Ertragsrechnung sowie die Ermittlung von Preisen auf Grund von Selbstkosten ermöglichen.

Nr. 3 **Erklärung des Auftragnehmers**

Der öffentliche Auftraggeber kann vom Auftragnehmer eine Erklärung darüber verlangen,

a) daß die in der Preisermittlung auf Grund von Selbstkosten angesetzten Preise und Entgelte den preisrechtlichen Vorschriften entsprechen und

b) daß die Preisermittlung auf Grund von Selbstkosten nach diesen Leitsätzen vorgenommen wurde.

II. Preisermittlung auf Grund von Selbstkosten

Nr. 4 **Kosten und Selbstkostenpreise**

(1) Die Kosten werden aus Menge und Wert der für die Leistungserstellung verbrauchten Güter und in Anspruch genommenen Dienste ermittelt.

(2) In Preisermittlungen auf Grund von Selbstkosten im Sinne dieser Leitsätze sind nach Art und Höhe nur diejenigen Kosten zu berücksichtigen, die bei wirtschaftlicher Betriebsführung zur Erstellung der Leistungen entstehen.

(3) Der Selbstkostenpreis im Sinne dieser Leitsätze ist gleich der Summe der nach diesen Leitsätzen ermittelten, der Leistung zuzurechnenden Kosten zuzüglich des kalkulatorischen Gewinnes (Nummer 51 und 52).

(4) Ist das betriebsindividuelle Rechnungswesen, insbesondere hinsichtlich der Bewertung, nach Grundsätzen aufgebaut, die von den Bestimmungen dieser Leitsätze abweichen, so dürfen die nach diesen Leitsätzen für die Selbstkostenpreisermittlung zulässigen Kosten aus der betriebsindividuellen Betriebsabrechnung im Wege der Zu- und Absetzung entwickelt werden, sofern hierdurch die Nachweisbarkeit erhalten bleibt.

Anhang

Nr. 5 Arten der Preisermittlung auf Grund von Selbstkosten

(1) Nach dem Zeitpunkt sind zu unterscheiden:
a) Vorkalkulationen (Kalkulationen, die zeitlich der Leistungserstellung vorausgehen),
b) Nachkalkulationen (Kalkulationen, die zeitlich nach der Leistungserstellung durchgeführt werden).

(2) Nach dem Verfahren sind zu unterscheiden:
a) Divisionsverfahren (Divisionsrechnungen, Äquivalenzziffernrechnungen),
b) Zuschlagsverfahren (Verrechnungssatzverfahren [Sortenrechnungen und Auftragsrechnungen]),
c) Mischformen von a) und b).

Nr. 6 Arten der Selbstkostenpreise

Preise auf Grund von Selbstkosten können ermittelt werden
a) durch Vorkalkulationen als Selbstkostenfestpreise oder Selbstkostenrichtpreise,
b) durch Nachkalkulationen als Selbstkostenerstattungspreise,
c) durch Vorkalkulationen der Kosten einzelner und durch Nachkalkulationen der Kosten der übrigen Kalkulationsbereiche.

Nr. 7 Mengenansatz

(1) Soweit Abschnitt III nichts Abweichendes bestimmt, sind unter Berücksichtigung des Grundsatzes wirtschaftlicher Betriebsführung als Mengensätze zugrunde zu legen
a) bei Preisvereinbarungen auf Grund von Vorkalkulationen
die bei der Leistungserstellung zu verbrauchenden Güter und in Anspruch zu nehmenden Dienste, wie sie im Zeitpunkt der Angebotsabgabe voraussehbar sind,
b) bei Preisvereinbarungen auf Grund von Nachkalkulationen
die bei der Leistungserstellung tatsächlich verbrauchten Güter und in Anspruch genommenen Dienste.

(2) Bei Preisvereinbarungen auf der Grundlage der Vorkalkulation der Kosten einzelner und der Nachkalkulation der Kosten der übrigen Kalkulationsbereiche gelten die Bestimmungen des Absatzes 1 jeweils für die einzelnen Kalkulationsbereiche entsprechend.

Nr. 8 Bewertung

(1) Für die Bewertung der Güter und Dienste sind, soweit im Abschnitt III nichts Abweichendes bestimmt wird, zugrunde zu legen
a) bei Preisvereinbarungen auf Grund von Vorkalkulationen
Tagespreise für Güter und entsprechende Entgelte für Dienste, abgestellt auf den Zeitpunkt der Angebotsabgabe,
b) bei Preisvereinbarungen auf Grund von Nachkalkulationen
Anschaffungspreise für Güter und entsprechende Entgelte für Dienste, soweit Güter und Dienste für den Auftrag besonders beschafft wurden,

Tagespreise, abgestellt auf den Zeitpunkt der Lagerentnahme, soweit Stoffe nicht besonders für den Auftrag beschafft sondern dem Lager entnommen wurden.

(2) Bei Preisvereinbarungen auf der Grundlage der Vorkalkulation der Kosten einzelner und der Nachkalkulation der Kosten der übrigen Kalkulationsbereiche gelten die Bestimmungen des Absatzes 1 jeweils für die einzelnen Kalkulationsbereiche entsprechend.

Nr. 9 **Allgemeine Angaben zu Preiskalkulationen**

(1) Zu jeder Preiskalkulation sind anzugeben
a) die genaue Bezeichnung des Kalkulationsgegenstandes (Auftrag-, Stücklisten- und Zeichnungsnummer, Zeichnungsänderungsvermerke, Bau- oder Musternummer und dgl.),
b) das Lieferwerk und die Fertigungsabteilung,
c) die Bezugsmenge, auf die die Zahlenangaben der Kalkulation abgestellt sind (Stück, kg, m und dgl.),
d) der Tag des Abschlusses der Kalkulation,
e) die Liefermenge, für die insgesamt die Kalkulation maßgebend sein soll,
f) die Lieferbedingungen, soweit sie die Höhe des Selbstkostenpreises beeinflussen.

(2) Zu Nachkalkulationen sind ferner anzugeben
a) der Zeitabschnitt, in dem die abgerechneten Leistungen erstellt wurden,
b) die den abgerechneten Leistungen vorausgegangenen und laut Auftragsbestand oder Auftragszusage noch folgenden gleichartigen Leistungen.

Nr. 10 **Gliederung der Preiskalkulationen**

(1) Unter Beachtung von Nummer 2 und Nummer 4 Absatz 4 kann der Auftraggeber mit dem Auftragnehmer bestimmte Muster für Vor- und Nachkalkulationen vereinbaren.

(2) Vor- und Nachkalkulationen sind in der Gliederung so aufeinander abzustimmen, daß Vergleiche möglich sind.

(3) Unter Beachtung von Nummer 2 ist unbeschadet einer den Bedürfnissen einer prüfungsfähigen Preisermittlung entsprechenden, weitergehenden betriebsindividuellen Gliederung oder sonst vereinbarten Gliederung, mindestens wie folgt nach Kalkulationsbereichen zu gliedern, soweit in den Absätzen 4 bis 6 nichts anderes bestimmt wird:
Fertigungsstoffkosten
Fertigungskosten
Entwicklungs- und Entwurfskosten
Verwaltungskosten
V e r t r i e b s k o s t e n
Selbstkosten

Kalkulatorischer Gewinn
Selbstkostenpreis

(4) Innerhalb der Kalkulationsbereiche sind Einzel- und Gemeinkosten getrennt auszuweisen, soweit dies nach dem angewandten Kalkulationsverfahren (vgl. Nummer 5 Absatz 2) möglich und branchenüblich ist. Innerhalb der Einzelkosten ist gegebenenfalls nach Fertigungs- und Sondereinzelkosten zu unterscheiden. Sonderkosten, die nach Abschnitt III ausgewiesen werden müssen, sind in den entsprechenden Kalkulationsbereichen aufzuführen.
(5) Die Zwischensumme Herstellkosten ist an der Stelle einzuordnen, an der sie branche- oder betriebsüblich gezogen wird.
(6) Soweit es die Wirtschaftlichkeit der Rechnungsführung erfordert, können folgende Gemeinkosten zusammengefaßt werden:
Stoffgemeinkosten und Fertigungsgemeinkosten,
Verwaltungsgemeinkosten und Vertriebsgemeinkosten.
(7) Läßt es die Kostenrechnung unter Beachtung der Grundsätze eines geordneten Rechnungswesens gemäß Nummer 2 zu, so kann sich die Nachkalkulation auf die Erfassung der Unterschiedsbeträge gegenüber der Vorkalkulation beschränken.
(8) Bei Leistungen, die in gleicher oder ähnlicher Art vom Auftragnehmer bereits erstellt worden sind, kann die Preisermittlung aus den Nachkalkulationen unter Berücksichtigung eingetretener Kostenänderungen abgeleitet werden.

III. Bestandteile des Selbstkostenpreises
A. Stoffe

Nr. 11 **Fertigungsstoffe**

(1) Als Fertigungsstoffe sind zu erfassen
a) Einsatz- und Fertigungsstoffe (Grundstoffe und Halbzeuge, die Bestandteile der Erzeugnisse werden),
b) Zwischenerzeugnisse (Erzeugnisse, die sich in Zwischenstufen der Fertigung ergeben oder solche Teile für die eigenen Erzeugnisse, die im Sinne des Fertigungsprogrammes nicht selbständige, absatzbestimmte Fertigungserzeugnisse darstellen),
c) auswärts bezogene Fertigerzeugnisse (vollständig fertige Erzeugnisse, die auf Grund eigener oder fremder Zeichnungen, Entwürfe oder dgl. von fremden Betrieben gefertigt, jedoch mit eigenen Erzeugnissen fertigungstechnisch verbunden werden).
(2) Auf Nummer 13 Absatz 3 wird verwiesen.

Nr. 12 **Auswärtige Bearbeitung**

(1) Als auswärtige Bearbeitung ist entweder der Bezug von Zwischenerzeugnissen aus kostenlos beigestellten Stoffen oder die Übernahme einzelner Fertigungsvorgänge durch Fremdbetriebe (Lohnarbeiten) zu verstehen.
(2) Werden betriebseigene Fertigungsstoffe in Fremdbetrieben bearbeitet, so sind die Kosten dieser Fremdleistung als gesonderte Kostenart zu verrechnen und in der Kalkulation gesondert aus-

zuweisen. Das Gleiche gilt für Lohnarbeiten fremder Zulieferer.
(3) Fertigungsgemeinkosten der werkseigenen Fertigungsstellen dürfen auf fremde Lohnarbeitskosten nicht in Ansatz gebracht werden.

Nr. 13 **Hilfs- und Betriebsstoffe**
(1) Die Hilfsstoffe der Fertigung sind, sofern sie nicht aus verrechnungstechnischen Gründen innerhalb der Gemeinkosten verrechnet werden, wie Fertigungsstoffe zu behandeln.
(2) Betriebsstoffe zählen nicht zu den Fertigungsstoffen.
(3) Die Abgrenzung zwischen Fertigungsstoffen, Hilfs- und Betriebsstoffen soll nach einheitlichen Gesichtspunkten stetig durchgeführt werden.

Nr. 14 **Sonderbetriebsmittel**
(1) Sonderbetriebsmittel sind alle Arbeitgeräte, die ausschließlich für die Fertigung des jeweiligen Liefergegenstandes verwendet werden. Es gehören hierzu u. a. besondere Modelle, Gesenke, Schablonen, Schnitte und ähnliche Vorrichtungen, Sonderwerkzeuge und Lehren.
(2) Die Kosten der Sonderbetriebsmittel sind, falls es sich um einen einmaligen Lieferauftrag handelt, einmalig abzugelten oder sonst mit angemessenen Tilgungsanteilen in den Kalkulationen der Liefergegenstände als Sonderkosten der Fertigung zu verrechnen.
(3) Der Verlauf und Stand der Tilgung durch die auf Liefergegenstände verrechneten Anteile müssen buch- oder karteimäßig nachweisbar sein.

Nr. 15 **Brennstoffe und Energie**
(1) Zu Brennstoffen und Energie zählen feste, flüssige und gasförmige Brenn- und Treibstoffe, Dampf, Strom, Preßluft und Preßwasser.
(2) Die Brennstoff- und Energiekosten sind verrechnungstechnisch wie Betriebsstoffe zu behandeln.

Nr. 16 **Mengenermittlung**
(1) Als Verbrauch ist die Einsatzmenge je Stoffart einschließlich des bei normalen Fertigungsbedingungen entstehenden Verarbeitungsabfalles (z. B. Verschnitt oder Späne) oder einschließlich des Zuschlages für Ausschuß beim Einbau anzusetzen. Verwertungsfähige Reststoffe sind durch Reststoffgutschriften zu erfassen.
(2) Soweit die Verbrauchsmengen durch Nachweise, Meßeinrichtungen oder dgl. erfaßt werden können, sind deren Angaben für den Mengenansatz maßgebend. Anderenfalls sind die Verbrauchsmengen durch andere objektive Maßstäbe, Stichproben oder dgl. zu ermitteln.
(3) Die einzusetzenden Mengen sind in Vorkalkulationen aus Zeichnungen, Stücklisten, Rezepturvorschriften, Stoffbedarfs-

zusammenstellungen oder dgl. in Nachkalkulationen aus Verbrauchsaufschreibungen oder dgl. zu ermitteln.

Nr. 17 Bewertung

(1) Die Stoffe und dgl. sind mit Preisen des Zeitpunktes gemäß Nummer 8 zu bewerten. Die Preise gemäß Satz 1 können auch als Einstandspreise berechnet werden (vgl. Nummer 18).

(2) Für Lagerstoffe können Verrechnungspreise verwendet werden. Sie müssen auf wirklichkeitsnahen Ermittlungen beruhen, in Vorkalkulationen den Preisen gemäß Nummer 8 Absatz 1a und in Nachkalkulationen den Preisen gemäß Nummer 8 Absatz 1b nahekommen. Verrechnungspreise sollen in kürzeren Zeiträumen nur abgewandelt werden, wenn grundlegende Änderungen der Preise eingetreten sind.

(3) Standardwerte oder Standardsätze sind durch Preise gemäß Nummer 8 oder Absatz 2 zu ersetzen oder in solche Preise umzurechnen.

(4) Von den Bewertungsgrundsätzen dieser Leitsätze abweichende Regelungen sind, soweit keine anderen Rechtsvorschriften entgegenstehen, zulässig. Sie bedürfen vertraglicher Vereinbarung.

Nr. 18 Einstandspreis

(1) Der Einstandspreis versteht sich im Regelfall frei Werk des Bestellers. Er beinhaltet den Preis der beschafften Güter einschließlich der mittelbaren Lieferkosten wie Fracht, Porto, Rollgeld und Verpackung.

(2) Der Auftragnehmer hat beim Einkauf alle geschäftsüblichen Vorteile zugunsten des Auftraggebers wahrzunehmen.

(3) Erzielte Mengenrabatte, Preisnachlässe, Gutschriften für Treue-, Jahres- und Umsatzrabatte, für zurückgesandte Verpackung und ähnliches sind zu belegen und bei Ermittlung des Einstandspreises abzusetzen, sofern nicht aus abrechnungstechnischen Gründen eine andersartige Verrechnung in den Selbstkosten erfolgt.

Nr. 19 Zulieferungen aus eigenen Vorbetrieben

(1) Bei Zulieferungen marktgängiger Leistungen aus eigenen Vorbetrieben gelten als Einstandspreise die jeweiligen Marktpreise unter Berücksichtigung der eingesparten Vertriebskosten und der üblichen Nachlässe.

(2) Bei Zulieferungen nicht marktgängiger Leistungen aus eigenen Vorbetrieben gelten als Einstandpreise,
   a) falls solche Lieferungen in einem Geschäftszweig üblich sind, die nach diesen Leitsätzen ermittelten Selbstkosten,
   b) falls solche Zulieferungen in einem Geschäftszweig nicht üblich sind,
   die nach diesen Leitsätzen ermittelten Selbstkostenpreise.

Nr. 20 **Beistellung von Stoffen**

Vom Auftraggeber kostenlos beigestellte Stoffe sind, soweit sie Gemeinkosten verursachen, entsprechend ihrem gegebenenfalls geschätzten Wert den Stoffkosten zuzuschlagen und sodann von den Selbstkosten mit dem gleichen Werte wieder abzusetzen.

Nr. 21 **Reststoffe**

(1) Verwendungsfähige Reststoffe sind, soweit eine Weiterverwendung im eigenen Betrieb möglich ist, wie Stoffe zu bewerten und den Stoffkosten gutzuschreiben.

(2) Veräußerte oder veräußerungsfähige Reststoffe sind mit den durchschnittlich erzielten oder erzielbaren Erlösen, vermindert um die bei der Aufbereitung und Veräußerung entstandenen Kosten, den Stoffkosten gutzuschreiben.

B. Löhne, Gehälter und andere Personalkosten

Nr. 22 **Verrechnung**

(1) Bei Löhnen, Gehältern und kalkulatorischem Unternehmerlohn sind im Falle der Anwendung des Zuschlagsverfahrens gemäß Nummer 5 Abs. 2b zu unterscheiden

a) unmittelbar dem Kostenträger zurechenbare Kosten: Fertigungslöhne, Fertigungsgehälter und unmittelbar auf die Fertigung entfallender Unternehmerlohn (Unternehmerfertigungslohn),

b) mittelbar dem Kostenträger zurechenbare Kosten: Hilfslöhne, sonstige Gehälter und nicht unmittelbar auf die Fertigung entfallender Unternehmerlohn.

(2) Der kalkulatorische Unternehmerlohn kann auch unter den kalkulatorischen Kostenarten ausgewiesen werden.

(3) Die Kostenrechnung nach den Absätzen 1 und 2 soll nach einheitlichen Grundsätzen stetig durchgeführt werden.

Nr. 23 **Ansatz**

In den Vor- und Nachkalkulationen dürfen Löhne, Gehälter und andere Personalkosten nach Art und Umfang nur insoweit berücksichtigt werden, als sie den Grundsätzen wirtschaftlicher Betriebsführung entsprechen (vgl. Nummer 4).

Nr. 24 **Bewertung**

(1) In Vor- und Nachkalkulationen sind die tariflichen oder, soweit sie angemessen sind, die mit dem Arbeitnehmer vereinbarten Löhne und Gehälter einzusetzen.

(2) Bei Einzelkaufleuten und Personengesellschaften kann als Entgelt für die Arbeit der ohne feste Entlohnung tätigen Unternehmer ein kalkulatorischer Unternehmerlohn in der Kostenrechnung berücksichtigt werden. Auch für die ohne feste Entlohnung mitarbeitenden Angehörigen der Unternehmer kann ein ihrer Tätigkeit entsprechendes Entgelt kalkulatorisch verrechnet werden.

(3) Der kalkulatorische Unternehmerlohn ist unabhängig von den tatsächlichen Entnahmen des Unternehmers in der Höhe des durchschnittlichen Gehaltes eines Angestellten mit gleichwertiger Tätigkeit in einem Unternehmen gleichen Standorts, gleichen Geschäftszweiges und gleicher Bedeutung oder mit Hilfe eines anderen objektiven Leistungsmaßstabes zu bemessen. Die Größe des Betriebes, der Umsatz und die Zahl der in ihm tätigen Unternehmer sind zu berücksichtigen.

Nr. 25 Sozialkosten

(1) Sozialkosten sind zu gliedern in

a) gesetzliche Sozialaufwendungen wie Arbeitgeberbeiträge zur Sozialversicherung (Invaliden-, Angestellten-, Knappschafts-, Kranken- und Unfallversicherung) und zur Arbeitslosenversicherung,

b) tarifliche Sozialaufwendungen,

c) zusätzliche Sozialaufwendungen zugunsten der Belegschaft.

(2) Angesetzt werden dürfen

a) die gesetzlichen und tariflichen Sozialaufwendungen in tatsächlicher Höhe,

b) die zusätzlichen Sozialaufwendungen, soweit sie nach Art und Höhe betriebs- oder branchenüblich sind und dem Grundsatz wirtschaftlicher Betriebsführung entsprechen.

C. Instandhaltung und Instandsetzung

Nr. 26 Ansatz

(1) Aufwendungen für laufende Instandhaltung und Instandsetzung von Betriebsbauten, Betriebseinrichtungen, Maschinen, Vorrichtungen, Werkzeugen und dgl. sind Kosten. Sofern diese Kosten stoßweise anfallen, sind sie dem Verbrauch entsprechend ratenweise zu verrechnen (Quoten- und Ratenrechnung).

(2) Instandsetzungskosten sind für die Benutzungsdauer des Anlagegegenstandes in den Abschreibungen zu verrechnen,

a) sofern durch die Instandsetzung der Wert des Anlagegegenstandes gegenüber demjenigen im Zeitpunkt seiner Anschaffung wesentlich erhöht wird (werterhöhende Instandsetzung) oder

b) sofern die Instandsetzung bezweckt, die Lebensdauer des Anlagegegenstandes über die ursprünglich technisch bedingte Lebensdauer hinaus (vgl. Nummer 39 Absatz 1) zu verlängern.

D. Entwicklungs-, Entwurfs- und Versuchsaufträge

Nr. 27 „Freie" und „gebundene" Entwicklung

Entwicklungs- und Entwurfsarbeiten, Forschungen, Versuche und Herstellung von Probestücken, die die werkseigene sogenannte „freie" Entwicklung überschreiten, sind zwischen Auftraggeber und Auftragnehmer ausdrücklich zu vereinbaren („gebundene" Entwicklung).

Nr. 28 **Nachweis**
(1) Alle Aufwendungen für die werkseigene „freie" und für die „gebundene" Entwicklung sowie die für ihre Abgeltung verrechneten Beträge sind, nach Entwicklungsaufgaben getrennt, nachzuweisen. Einzelheiten für diesen Nachweis sind gegebenenfalls im Einvernehmen mit dem Auftraggeber festzulegen.
(2) In den Kalkulationen sind die Entwicklungs- und Entwurfskosten getrennt nach „freier" und „gebundener" Entwicklung gesondert auszuweisen.

E. Fertigungsanlauf, Bauartänderungen

Nr. 29 **Ansatz**
Soweit bei einem Auftrag zusätzliche, im Regelfalle nicht vorkommende Stoffkosten und Fertigungskosten anfallen, z. B. durch amtliche Abnahme, durch Überstunden und Sonntagsarbeit, durch das Anlaufen einer neuartigen Fertigung, durch das Anlernen neuer Arbeitskräfte oder durch Bauartänderungen auf Veranlassung des Auftraggebers, sind diese in der Kostenrechnung und in den Kalkulationen gesondert auszuweisen.

F. Steuern, Gebühren, Beiträge

Nr 30 **Steuern**
Für die Zwecke der Preisermittlung auf Grund von Selbstkosten sind zu unterscheiden
a) Steuern, die Kosten im Sinne dieser Leitsätze sind (kalkulierbare Steuern), insbesondere
die Gewerbesteuer (auch Gewerbeertrag- und Lohnsummensteuer), die Vermögensteuer und die Grundsteuer, die Kraftfahrzeugsteuer und die Beförderungsteuer.
Als Sonderkosten sind in den Kalkulationen insbesondere auszuweisen
die Umsatzsteuer sowie besondere auf dem Erzeugnis lastende Verbrauchsteuern.
b) Steuern, die nicht Kosten im Sinne dieser Leitsätze sind (nicht kalkulierbare Steuern), insbesondere
die Einkommen-, Körperschaft- und Kirchensteuer, das veranlagte Notopfer Berlin, die Erbschaft- und Schenkungsteuer.

Nr. 31 **Lastenausgleich**
Ausgleichsabgaben im Sinne des Gesetzes über den Lastenausgleich vom 14. August 1952 (Bundesgesetzbl. I S. 446) sind nicht Kosten im Sinne dieser Leitsätze.

Nr. 32 **Gebühren und Beiträge**
(1) Pflichtgebühren und Pflichtbeiträge sind Kosten, soweit sie für betriebliche Zwecke aufgewendet werden.
(2) Nicht auf gesetzlichen Verpflichtungen beruhende Beiträge oder Zuwendungen an Vereinigungen und Körperschaften, die dem

Betriebsinteresse dienen, können in angemessener Höhe berücksichtigt werden.

G. Lizenzen, Patente und gewerblicher Rechtsschutz

Nr. 33 **Ansatz und Verrechnung**

(1) Lizenzgebühren sind insoweit Kosten im Sinne dieser Leitsätze, als sie in angemessenem Verhältnis zu Umsatzmenge und Verkaufspreis der Leistungen stehen. Die für die Verrechnung von Lizenzgebühren in Betracht kommenden Lizenzverträge sind dem Auftraggeber auf Verlangen zur Einsicht vorzulegen.

(2) Ausgaben zum Erwerb von Fremdpatenten sind zu aktivieren und kalkulatorisch abzuschreiben oder periodisch abzugrenzen und ratenweise als Kosten zu verrechnen.

(3) Lizenzgebühren, sowie Gebühren für den gewerblichen Rechtsschutz, Fremd- und Eigenpatentkosten sind in den Kalkulationen als Sonderkosten auszuweisen, sofern sie bestimmte Erzeugnisse oder Erzeugnisgruppen betreffen.

H. Mieten, Büro-, Werbe- und Transportkosten und dgl.

Nr. 34 **Mengenansatz und Bewertung**

Für die Bemessung sonstiger Kostenarten, insbesondere der
Mieten und Pachten
Bürokosten
Werbe- und Repräsentationskosten
Transportkosten
Kosten des Zahlungsverkehrs
gelten die Nummern 4 und 16 bis 21 sinngemäß.

I. Vertriebssonderkosten

Nr. 35 **Vertreterprovisionen**

(1) Eine Provision oder ähnliche Vergütung an einen Handelsvertreter darf in voller Höhe nur berücksichtigt werden, wenn bei Vorbereitung, Abschluß oder Abwicklung des öffentlichen Auftrages die Mitarbeit des Handelsvertreters notwendig ist und wenn sie sich in angemessenen Grenzen hält; den Absatzverhältnissen des Auftragnehmers soll dabei gebührend Rechnung getragen werden. In allen übrigen Fällen ist ein angemessener Abschlag vorzunehmen.

(2) Die Höhe der in Selbstkostenpreisen anrechenbaren Provisionen und ähnlichen Vergütungen an Handelsvertreter kann durch Vereinbarung zwischen Auftraggeber und Auftragnehmer begrenzt werden.

(3) Provisionen und ähnliche Vergütungen sind in den Kalkulationen gesondert auszuweisen.

Nr. 36 **Versandbedingungen und Versandkosten**

Nach Maßgabe der vereinbarten Liefer- und Versandbedingungen sind die Kosten der Verpackung, die Versandfrachten, die Rollgelder, die Transportversicherung und ähnliches in der Kalkulation gesondert auszuweisen, sofern aus Gründen der Wirtschaftlichkeit der Rechnungsführung nicht eine andere Art der Verrechnung in den Kosten vorgenommen wird.

K. Kalkulatorische Kosten

a) Anlageabschreibungen

Nr. 37 **Begriff**

(1) Anlageabschreibungen sind die Kosten der Wertminderung betriebsnotwendiger Anlagegüter.

(2) Der Abschreibungsbetrag kann sowohl je Zeiteinheit als auch je Leistungseinheit (Tonne, Stück, Maschinenstunde oder dgl.) ermittelt werden.

Nr. 38 **Abschreibungsbetrag und Bewertungsgrundsatz**

(1) Der Abschreibungsbetrag für Anlagegüter ist unabhängig von den Wertansätzen in der Handels- und Steuerbilanz zu verrechnen. Er ergibt sich durch Teilung des Anschaffungspreises oder der Herstellkosten durch die Gesamtnutzung. Die mit der Errichtung und Ingangsetzung verbundenen Kosten rechnen zu den Anschaffungs- oder Herstellkosten.

(2) Falls die Abweichung erheblich und nicht nur vorübergehend ist, können bei der Berechnung der Abschreibungen unter der Voraussetzung einheitlicher und stetiger Anwendung des Grundsatzes der Bewertung zu Wiederbeschaffungspreisen berücksichtigt werden

a) an Stelle des Anschaffungspreises der auf den Zeitpunkt gemäß Abs. 3 bezogene Wiederbeschaffungspreis einer gleich leistungsfähigen Anlage,

b) an Stelle der tatsächlichen Herstellkosten: die Herstellkosten in einem Zeitpunkt gemäß Abs. 3 für die Neufertigung einer gleich leistungsfähigen Anlage.

(3) Maßgebend ist folgender Zeitpunkt:

a) für Anlagegüter, die bereits am 20. Juni 1948 vorhanden waren: der 30. August oder 30. August 1949, je nachdem welcher dieser beiden Zeitpunkte zu dem niedrigeren Wiederbeschaffungspreis oder den niedrigeren Herstellkosten für eine Neufertigung führt,

b) für Anlagegüter, die nach dem 20. Juni 1948 beschafft wurden: der Zeitpunkt der Preisermittlung.

(4) Der niedrigere der beiden in Absatz 3 a bezeichneten Wiederbeschaffungspreise kann, falls er sich nicht aus den Unterlagen unmittelbar ergibt, ausgehend von dem höheren dieser beiden Preise durch gewissenhafte Schätzung ermittelt werden.

Nr. 39 **Nutzung der Anlagen**

(1) Für den Umfang der Gesamtnutzung ist die erfahrungsmäßige Lebensdauer der Anlagen oder ihre geschätzte Leistungsmenge

unter Berücksichtigung der üblichen technischen Leistungsfähigkeit maßgebend.

(2) Die Schätzung der Nutzung für die einzelnen Anlagegüter und die Schätzung der Nutzung für Gruppen gleichartiger Anlagegüter ist in regelmäßigen Zeitabständen zu prüfen. Daraus sich ergebende Mehr- oder Minderabschreibungen sind unter Berücksichtigung von Nr. 49 Abs. 3 und Nr. 50 als Abschreibungswagnis anzusetzen; Auftraggeber und Auftragnehmer können Abweichendes vereinbaren.

(3) Ist die bisherige Nutzung nicht einwandfrei zu ermitteln, so kann der kalkulatorische Restwert der Anlage (Tagesneuwert der Anlage abzüglich der bisherigen Wertminderung) geschätzt und als Ausgangswert für die Berechnung der Abschreibung verwendet werden.

Nr. 40 **Berücksichtigung abweichender Kosten**
Werden für Anlagegüter zur Ermittlung der Abschreibungen Wiederbeschaffungswerte gemäß Nr. 38 Abs. 2 zugrunde gelegt, so sind diese Wiederbeschaffungswerte entsprechend der geringeren Wirtschaftlichkeit der vorhandenen Anlagegüter gegenüber wiederzubeschaffenden Anlagen gleicher Leistungsfähigkeit zu berichtigen.

Nr. 41 **Sonderabschreibungen**
Der Ansatz höherer Anlageabschreibungen als gemäß Nummer 38 bis 40 zum Ausgleich einer ursprünglich nicht voraussehbaren technischen Entwicklung oder Bedarfsverschiebung oder aus anderem Anlaß (Sonderabschreibungen) ist nur zulässig, wenn er mit dem Auftraggeber ausdrücklich vereinbart worden ist. Abschreibungssätze gemäß Satz 1 sind gesondert auszuweisen.

Nr. 42 **Anlagenachweis**
(1) Für sämtliche Anlagen sind Übersichten zu führen, aus denen alle für die Abschreibungen notwendigen Angaben hervorgehen, insbesondere die Ausgangswerte, die geschätzte Gesamtnutzung, die bisherige Nutzung der Abschreibungsbetrag je Zeit- oder Leistungseinheit und der kalkulatorische Restwert.

(2) Für jede Anlage ist ein Einzelnachweis notwendig, jedoch können gleichartige Anlagen mit gleichen Anschaffungswerten oder geringen Einzelwerten zusammengefaßt werden.

(3) Der Auftragnehmer hat auf Verlangen des Auftraggebers Wiederbeschaffungswerte gemäß Nummer 38 Absatz 2 und 3 sowie die Berechnung von Abschlägen gemäß Nummer 40 nachzuweisen.

b) Z i n s e n

Nr. 43 **Bemessung**
(1) Für die Bereitstellung des betriebsnotwendigen Kapitals können kalkulatorische Zinsen angesetzt werden. Sie sind in der Betriebsrechnung gesondert auszuweisen.

(2) Für kalkulatorische Zinsen ist ein Satz anzusetzen, der den Diskontsatz der Landeszentralbanken um einen vom Bundesminister für Wirtschaft im Einvernehmen mit dem Bundesminister der Finanzen festzusetzenden Zuschlag übersteigt.

(3) Die für Fremdkapital tatsächlich entstandenen Aufwendungen (Zinsen, Bankprovisionen und dgl.) bleiben bei der Preisermittlung außer Ansatz, soweit sie nicht als Kosten des Zahlungsverkehrs gemäß Nummer 34 berücksichtigt werden.

(4) Nebenerträge aus Teilen des betriebsnotwendigen Kapitals (z. B. Zinsen, Mieten, Pachten) sind als Gutschriften zu behandeln.

Nr. 44 **Ermittlung des betriebsnotwendigen Kapitals**

(1) Das betriebsnotwendige Kapital besteht aus dem betriebsnotwendigen Vermögen, vermindert um die dem Unternehmen zinslos zur Verfügung gestellten Vorauszahlungen und Anzahlungen durch öffentliche Auftraggeber und solche Schuldbeträge, die dem Unternehmen im Rahmen des gewährten Zahlungszieles von Lieferanten zinsfrei zur Verfügung gestellt werden.

(2) Das betriebsnotwendige Vermögen setzt sich aus den Teilen des Anlage- und Umlaufvermögens zusammen, die dem Betriebszweck dienen. Unberücksichtigt bleibt der Wert der nicht betriebsnotwendigen Vermögensteile. Zu diesen gehören insbesondere die stillgelegten Anlagen mit Ausnahme betriebsnotwendiger Reserveanlagen in Erzeugungs- und Handelsbetrieben, die landwirtschaftlich genutzten Grundstücke, die Wohnhäuser, soweit sie nicht für Betriebsangehörige notwendig sind, die nicht betriebsnotwendigen Beteiligungen, die Forderungen aus Kriegsschäden und die Kriegsfolgeschäden.

Nr. 45 **Wertansatz des betriebsnotwendigen Vermögens**

(1) Das Anlagevermögen ist mit dem kalkulatorischen Restwert nach Maßgabe der Vorschriften für die Abschreibungen anzusetzen (vgl. Nummer 37 ff.).

(2) Die Gegenstände des Umlaufvermögens sind auf der Grundlage von Anschaffungspreisen oder Herstellkosten zu bewerten. Falls die Abweichung erheblich ist, können an Stelle des Anschaffungspreises der Tagespreis und an Stelle der tatsächlichen Herstellkosten die Herstellkosten für eine Neufertigung bei der Ermittlung des Wertansatzes zugrunde gelegt werden. Der einmal gewählte Bewertungsgrundsatz ist einheitlich und stetig beizubehalten.

(3) In den Beständen enthaltene unbrauchbare oder entwertete Stoffe oder ebensolche halbfertige oder fertige Erzeugnisse sind abzusetzen oder mit angemessenen Restwerten zu berücksichtigen.

(4) Wertpapiere und Forderungen in fremder Währung sind mit den Kursen zu bewerten, die an den für die Berechnung des betriebsnotwendigen Vermögens maßgebenden Stichtagen gelten.

(5) Die übrigen Teile des Umlaufvermögens sind mit den Werten anzusetzen, die ihnen an den für die Berechnung maßgebenden Stichtagen beizumessen sind.

(6) Bei der Ermittlung des betriebsnotwendigen Kapitals sind, soweit nicht Bestimmungen der Absätze 1 bis 6 entgegenstehen, die Wertberichtigungsposten der Kapitalseite von den Buchwerten der Vermögensseite der Bilanz abzusetzen.

Nr. 46 **Mengenansatz des betriebsnotwendigen Vermögens**

Das betriebsnotwendige Vermögen und das Abzugskapital sind mit den im Abrechnungszeitabschnitt durchschnittlich gebundenen Mengen anzusetzen.

c) Einzelwagnisse

Nr. 47 **Abgrenzung**

(1) Wagnis (Risiko) ist die Verlustgefahr, die sich aus der Natur des Unternehmens und seiner betrieblichen Tätigkeit ergibt.

(2) Wagnisse, die das Unternehmen als Ganzes gefährden, die in seiner Eigenart, in den besonderen Bedingungen des Wirtschaftszweiges oder in wirtschaftlicher Tätigkeit schlechthin begründet sind, bilden das allgemeine Unternehmerwagnis.

(3) Einzelwagnisse sind die mit der Leistungserstellung in den einzelnen Tätigkeitsgebieten des Betriebes verbundenen Verlustgefahren.

Nr. 48 **Verrechnung**

(1) Das allgemeine Unternehmerwagnis wird im kalkulatorischen Gewinn abgegolten.

(2) Für die Einzelwagnisse können kalkulatorische Wagniskosten (Wagnisprämien) in die Kostenrechnung eingesetzt werden. Betriebsfremde Wagnisse sind außer Betracht zu lassen. Soweit Wagnisse durch Versicherungen gedeckt oder eingetretene Wagnisverluste in anderen Kostenarten abgegolten sind, ist der Ansatz von Wagniskosten nicht zulässig.

Nr. 49 **Ermittlung der kalkulatorischen Wagniskosten**

(1) Die kalkulatorischen Wagniskosten sind auf der Grundlage der tatsächlich entstandenen Verluste aus Wagnissen zu ermitteln. Soweit Verlusten aus Wagnissen entsprechende Gewinne gegenüberstehen, sind diese aufzurechnen. Der tatsächlichen Gefahrenlage im laufenden Abrechnungszeitabschnitt ist Rechnung zu tragen. Fehlen zuverlässige Unterlagen, so sind die kalkulatorischen Wagniskosten sorgfältig zu schätzen.

(2) Für die Bemessung der Wagniskosten soll ein hinreichend langer, möglichst mehrjähriger Zeitabschnitt zugrunde gelegt werden. Dabei ist stets ein Ausgleich zwischen den kalkulatorischen Wagniskosten und den tatsächlichen Verlusten aus Wagnissen anzustreben.

(3) Die Wagniskosten sind nach Wagnisarten und Kostenträgergruppen getrennt zu ermitteln und auszugleichen.
(4) Klein- und Mittelbetriebe können in einer der Wirtschaftlichkeit der Rechnungsführung entsprechenden Weise die Erfassung und Verrechnung der Wagniskosten vereinfachen. Dabei sollen Mittelbetriebe mindestens die Wagniskosten nach Kostenträgergruppen aufteilen.

Nr. 50 **Nachweis**
(1) Die eingetretenen Verluste oder Gewinne aus Wagniskosten sowie die verrechneten kalkulatorischen Wagniskosten sind unter Abstimmung mit der Buchführung laufend nachzuweisen.
(2) Auftraggeber und Auftragnehmer können durch Vereinbarung den Ansatz einzelner Wagniskosten von einem besonderen Nachweis gegenüber dem Auftraggeber abhängig machen.

L. Kalkulatorischer Gewinn

Nr. 51 **Begriff**
Im kalkulatorischen Gewinn werden abgegolten:
a) das allgemeine Unternehmerwagnis,
b) ein Leistungsgewinn bei Vorliegen einer besonderen unternehmerischen Leistung in wirtschaftlicher, technischer oder organisatorischer Hinsicht. Der Leistungsgewinn soll der unternehmerischen Mehrleistung entsprechen.

Nr. 52 **Höhe der Zurechnung**
(1) Das Entgelt für das allgemeine Unternehmerwagnis ist in einem Hundertsatz vom betriebsnotwendigen Vermögen oder in einem Hundertsatz vom Umsatz oder in einer Summe von zwei solchen Hundertsätzen zu bemessen. Der Bundesminister für Wirtschaft kann hierfür Richt- oder Höchstsätze festlegen.
(2) Ein Leistungsgewinn darf nur berechnet werden, wenn er zwischen Auftraggeber und Auftragnehmer vereinbart wurde.
(3) Den Kostenträgern (absatzbestimmten Leistungen) ist der kalkulatorische Gewinn unmittelbar oder mittels einfacher Schlüssel zuzurechnen.

III.
Verordnung
zur Übernahme der Verordnung PR Nr. 30/53
über die Preise bei öffentlichen Aufträgen
Vom 23. Dezember 1953

Auf Grund des § 3 des Preisgesetzes vom 22. März 1950 (VOBl. I S. 95) wird verordnet:

Artikel I
Die Verordnung PR Nr. 30/53 über die Preise bei öffentlichen Aufträgen vom 21. November 1953 sowie die als Anlage hierzu beigefügten

Leitsätze für die Preisermittlung auf Grund von Selbstkosten (Bundesanzeiger Nr. 244 vom 18. Dezember 1953) — Anlage — finden in Berlin mit folgenden Abweichungen Anwendung:
1. An die Stelle der im § 2 Abs. 6 und § 12 Abs. 4 angeführten Verordnung PR Nr. 32/51 über die Baupreisbildung für öffentliche und mit öffentlichen Mitteln finanzierte Aufträge (Baupreisverordnung) vom 11. Mai 1951 tritt die im Lande Berlin gültige Baupreisverordnung vom 13. Mai 1952 (GVBl. S. 553).
2. An die Stelle des im § 12 Abs. 4 Ziff. 3 angeführten § 6 der Anordnung über Preisbildung und Preisüberwachung nach der Währungsreform vom 25. Juni 1948 tritt die im Lande Berlin gültige Bestimmung des § 4 der Preisfreigabe-Anordnung vom 14. April 1950 (VOBl. I S. 135).

Artikel II

Diese Verordnung mit der Anlage tritt am 1. Januar 1954 in Kraft.

Berlin, den 23. Dezember 1953.

PrA. 100 — 4462/53.

Der Senator für Wirtschaft und Ernährung
Preisamt
Dr. Eich

IV.

Erster Runderlaß
betr. Durchführung der Verordnung PR Nr. 30/53 über die Preise bei öffentlichen Aufträgen vom 21. November 1953
Vom 22. Dezember 1953

Die Verordnung PR Nr. 30/53 über die Preise bei öffentlichen Aufträgen vom 21. November 1953 und deren Anlage, die Leitsätze für die Preisermittlung auf Grund von Selbstkosten tritt am 1. Januar 1954 in Kraft.

Bei der Anwendung der Verordnung bitte ich folgendes zu beachten:

1. **Zu § 1 Abs. 1:**

    Die Verordnung PR Nr. 30/53 über die Preise bei öffentlichen Aufträgen vom 21. November 1953 (Verordnung) und deren Anlage, die Leitsätze für die Preisermittlung auf Grund von Selbstkosten (Leitsätze), stellen die Preisbildung für öffentliche Aufträge auf eine neue Grundlage. Entsprechend den in der Präambel und in § 1 Abs. 1 niedergelegten Grundsätzen ist die Verordnung dazu bestimmt, auch auf dem Gebiet des öffentlichen Auftragwesens marktwirtschaftliche Grundsätze durchzusetzen. Deshalb haben bei der Vereinbarung von Preisen für Leistungen auf Grund öffentlicher Aufträge grundsätzlich Marktpreise vor Selbstkostenpreisen den Vorzug. Alle auf dem Gebiet des öffentlichen Auftragwesens tätigen Behörden sind gehalten, im Rahmen ihrer Zuständigkeit dafür Sorge zu tragen, daß die Preisbildung für öffentliche Aufträge in Anwendung der neuen Bestimmungen den Grundsätzen der Marktwirtschaft Rechnung trägt.

2. **Zu § 1 Abs. 2:**

Durch den Grundsatz fester Preise wird die Frage der Zulässigkeit von Preisvorbehalten nicht berührt.

3. **Zu § 2 Abs. 3:**

Durch die Einbeziehung der Leistungen an die Besatzungsmächte in den Geltungsbereich der Verordnung soll in gleicher Weise wie in § 1 Abs. 2 der Verordnung PR Nr. 32/51 über die Baupreisbildung für öffentliche und mit öffentlichen Mitteln finanzierte Aufträge (Baupreisverordnung) vom 11. Mai 1951 zum Ausdruck kommen, daß derartige Leistungen preisrechtlich öffentliche Aufträge sind. Danach sind die Vorschriften dieser Verordnung bei Leistungen an die Besatzungsmächte, soweit sie aus deutschen öffentlichen Haushaltsmitteln bezahlt werden, anzuwenden, es sei denn, daß im Einzelfall Vorschriften der Besatzungsmächte entgegenstehen.

Soweit Leistungen an die Besatzungsmächte im Wege der Requisition bewirkt werden, kommen vertragliche Beziehungen zwischen den Besatzungsmächten und den Leistungspflichtigen nicht zustande. Für alle Fälle, in denen die Bestimmungen der Verordnung vertragliche Vereinbarungen über die Preise oder Preisbestandteile zwischen Auftraggebern und Auftragnehmern voraussetzen (vgl. § 1 Abs. 2 und 3, §§ 5, 6, 7 und 8), schreibt deshalb § 2 Abs. 3 der Verordnung vor, daß bei Requisitionen diese Bestimmungen anzuwenden sind, obwohl solche Vereinbarungen nicht vorliegen. Die Leistungspflichtigen und die mit der Feststellung von Preisen für die Leistungen an die Besatzungsmächte befaßten deutschen Behörden sind hiernach gehalten, die Preise nach den Bestimmungen der Verordnung zu bemessen. Das bedeutet, daß die Preise so gestaltet werden müssen, wie dies auf der Grundlage der Bestimmungen der Verordnung für deutsche öffentliche Auftraggeber und Auftragnehmer im Einzelfalle geboten wäre.

Leistungen, die die Besatzungsmächte aus eigenen Mitteln bezahlen, fallen nur dann unter den Geltungsbereich der Verordnung, wenn der Bundesminister für Wirtschaft dies gemäß § 2 Abs. 4 verfügt hat.

4. **Zu § 2 Abs. 4:**

Verfügungen des Bundesministers für Wirtschaft zur Anwendung dieser Bestimmung sind zu erwarten, wenn entsprechende zwischenstaatliche Vereinbarungen vorliegen.

5. **Zu § 4 Abs. 1:**

a) Marktgängige Leistungen sind Leistungen, die allgemein im wirtschaftlichen Verkehr hergestellt und gehandelt werden. Auch eine Leistung, die nur der Deckung des öffentlichen Bedarfs oder gar der

Deckung des Bedarfs nur eines öffentlichen Auftraggebers dient, kann eine marktgängige Leistung sein. Listenpreise, die allgemein und stetig angewandt werden, sind Preise nach § 4, soweit sie den allgemeinen preis- und wettbewerbsrechtlichen Vorschriften Rechnung tragen.

b) Preise, die durch öffentliche oder beschränkte Ausschreibungen ermittelt worden sind, sind Preise nach § 4, wenn der Wettbewerb der Anbieter alle ausreichenden Garantien für ein ordnungsgemäßes Zustandekommen der Preise geboten hat. Freihändige Vergabe besagt nicht, daß Selbstkostenpreise anzuwenden sind.

c) Können für Leistungen Preise eindeutiger Bezugsgrößen wie beispielsweise Kg-Preise als Marktpreise festgestellt werden, so besteht die Möglichkeit, diese Preise zugrunde zu legen.

6. Zu § 4 Abs. 2:

Die zur Durchsetzung marktwirtschaftlicher Grundsätze auf dem Gebiet des öffentlichen Auftragwesens erlassenen neuen Vorschriften mußten den Kreis der Leistungen, für die die Preisermittlung nicht auf Grund von Selbstkosten sondern nach dem Markt erfolgt, soweit wie möglich ausdehnen. Daher bestimmt die Verordnung in § 4 Abs. 2, daß für Güter oder Leistungen, die in ihrer Ausführung von den normalen marktgängigen Leistungen abweichen, jedoch noch mit diesen im wesentlichen vergleichbar bleiben, keine Selbstkostenpreise zu bilden sind. Der zulässige Preis ist in diesem Falle durch Zu- oder Abschläge ausgehend vom vergleichbaren Marktpreis zu ermitteln. Demzufolge müssen bei der Anwendung der Vorschrift des § 4 Abs. 2 folgende Bedingungen erfüllt sein:

a) Die Leistung, die Gegenstand des öffentlichen Auftrages ist, muß mit einer marktgängigen Leistung im „wesentlichen vergleichbar" sein.

Ob Leistungen vergleichbar sind, ist in der Regel unter technischen Gesichtspunkten zu prüfen. Eine Vergleichbarkeit wird vorliegen, wenn öffentliche Auftraggeber Sonderausführungen sonst marktgängiger Erzeugnisse in Auftrag geben, sei es, daß eine üblicherweise am Markt nicht vorhandene Größe oder Zusammensetzung des betreffenden Erzeugnisses verlangt wird, sei es, daß mit Rücksicht auf Eigenarten des öffentlichen Bedarfs gewisse Abweichungen von den marktgängigen Leistungen in bezug auf die Gestaltung gefordert werden. Das Erzeugnis muß jedoch mit der üblichen marktgängigen Leistung wenigstens noch in seinen wesentlichen Bestandteilen übereinstimmen.

Bei der Ermittlung der Preise für vergleichbare Leistungen ist wie folgt zu verfahren:

1) Soweit der Abweichung von der marktgängigen Leistung bereits in marktüblicherweise Rechnung getragen worden ist, kommen weitere Zu- oder Abschläge nicht in Frage.

2) Es ist zu prüfen, ob für die Mehr- oder Minderleistungen gegenüber der marktgängigen Leistung Marktpreise festgestellt werden

können. Die Höhe des Zu- oder Abschlages bemißt sich in diesen Fällen nach den Preisen der marktgängigen Mehr- oder Minderleistung.

3) Kann die Preisdifferenz nicht nach den Grundsätzen zu 1) oder 2) festgestellt werden, so soll, soweit dies möglich ist, der Nutzungs- oder Gebrauchswert der in Auftrag gegebenen Leistung mit demjenigen der normalen Marktleistung verglichen werden. Bei abweichendem Nutzungs- oder Gebrauchswert ist der Zu- oder Abschlag nach der Wertdifferenz im Nutzungs- oder Gebrauchswert zu bemessen.

4) In allen übrigen Fällen bestimmt die Höhe der Mehr- oder Minderkosten gegenüber der marktgängigen Leistung die Größe des Zu- oder Abschlages.

Sind Bestandteile einer Gesamtleistung im wesentlichen mit marktgängigen Leistungen vergleichbar, so gelten alle für marktgängige Leistungen in dieser Verordnung enthaltenen Bestimmungen auch für diese Bestandteile. Als Bestandteile in diesem Sinne sind auch nachträglich vom Auftraggeber verlangte Zusatzleistungen gegenüber dem ursprünglich erteilten Auftrage anzusehen.

Der Preis der marktgängigen Leistung, der für die vergleichbare Leistung als Preisermittlungsgrundlage dienen soll, muß unter „gleichartigen Voraussetzungen" zustande gekommen sein.

Preisermittlungsgrundlage ist der preisrechtlich zulässige Preis einer marktgängigen Leistung. Dieser Vergleichspreis muß sich unter Voraussetzungen (Marktbedingungen, Auftragsverhältnissen, örtlich und zeitlich bedingten Gegebenheiten) gebildet haben, die mit denjenigen des in Frage stehenden öffentlichen Auftrages gleichartig sind. Somit kann nicht jeder Marktpreis ohne Prüfung dieser Voraussetzungen herangezogen werden. Beispielsweise erfüllt ein Preis, der sich unter den von binnenwirtschaftlichen Verhältnissen abweichenden Daten des Weltmarktes als Exportpreis gebildet hat, nicht die Voraussetzungen des § 4 Abs. 2. Bei einem Preis, der zu einem früheren Zeitpunkt oder an einem anderen Ort als Marktpreis einmal festgestellt worden ist, bleibt zu prüfen, ob er unter gleichartigen Voraussetzungen zustande gekommen und damit als zulässige Preisermittlungsgrundlage anzusehen ist.

7. **Zu § 4 Abs. 3:**

Räumt der Auftragnehmer dem öffentlichen Auftraggeber ungünstigere Bedingungen als dem privaten Auftraggeber ein, so muß er dem bei der Bemessung des Preises Rechnung tragen. § 4 Abs. 3 schließt z. B. nicht aus, mit einem öffentlichen Auftraggeber andere, insbesondere kürzere Zahlungsziele zu vereinbaren als mit einem privaten Auftraggeber, wenn die Zinsdifferenz im Preis berücksichtigt wird.

§ 4 Abs. 3 begründet keine Preisnachlässe nur deshalb, weil als Auftraggeber eine Behörde auftritt.

§ 4 Abs. 4 der Verordnung sowie § 12 der Ersten Durchführungsverordnung zum Rabattgesetz vom 21. 2. 1934 in der Fassung vom 19. 2. 1935/29. 7. 1938 (RGBl. 1934 I S. 120/1935 I S. 208/1938 I S. 981) bleiben unberührt.

8. **Zu § 4 Abs. 4:**

Besondere Auftragsverhältnisse im Sinne von § 4 Abs. 4 sind alle Abweichungen vom üblichen Auftrag eines Privatauftraggebers, z. B. Bereitstellung von Arbeitskräften, Material, Produktionseinrichtungen oder Kapital durch den öffentlichen Auftraggeber oder außergewöhnliche Auftragsgröße.

Der Marktpreis bleibt Preisermittlungsgrundlage. Es ist nicht darauf abzustellen, ob der öffentliche Auftragnehmer nach seiner Rentabilität in der Lage wäre, einen Marktpreis nicht nur unerheblich zu unterschreiten. Es sind vielmehr allein die bei dem betreffenden Auftrag vorliegenden besonderen Verhältnisse maßgebend.

Der Unter- bzw. Überschreitungsbetrag wird regelmäßig im Wege der Kostendifferenzrechnung festzustellen sein. Kostensenkungen, die allein durch die Besonderheiten des öffentlichen Auftrages verursacht werden oder erzielbar sind, haben in einer entsprechenden Änderung des Preises ihren Niederschlag zu finden; das gleiche gilt für Kostenerhöhungen. Grundsätzlich sollen dem Auftragnehmer echte Leistungsgewinne in vollem Umfange verbleiben.

Die Bestimmungen des § 4 Abs. 4 finden Anwendung bei Leistungen nach § 4 Abs. 1 und 2.

9. **Zu § 5 Abs. 1:**

Die Vorschrift gestattet die Vereinbarung von Selbstkostenpreisen in drei Fällen:

a) Bei Leistungen, deren Preise nach den §§ 3 und 4 nicht festgestellt werden können.

Es handelt sich hierbei um Leistungen,
für die weder Höchst-, Fest- oder Mindestpreise gelten, noch Marktpreise nach § 4 bestehen oder ermittelt werden können;

b) Bei marktgängigen Leistungen, deren Preisbildung durch eine Mangellage nicht nur unerheblich beeinflußt ist.

Eine Vereinbarung von
Selbstkostenpreisen auf Grund von Mangellagen wird unter den gegenwärtig gegebenen Marktverhältnissen nur ausnahmsweise in Frage kommen;

c) Bei marktgängigen Leistungen, deren Preisbildung durch Beschränkung des Wettbewerbs auf der Anbieterseite nicht nur unerheblich beeinflußt wird.

Soweit Wettbewerbsbeschränkungen
auf Grund gesetzlicher Bestimmungen staatlicherseits genehmigt sind, ist in der Regel für die Anwendung dieser Bestimmungen kein Raum.

10. **Zu den §§ 9 und 10:**
Die Verordnung regelt die mit der Prüfung der Preise durch die Preisbehörden und die mit der Feststellung der Angemessenheit von Selbstkostenpreisen durch öffentliche Auftraggeber zusammenhängenden Fragen in den §§ 9 und 10.

a) Die Preisüberwachung auch für Leistungen an öffentliche Auftraggeber ist grundsätzlich Aufgabe der Dienststellen der Preisverwaltung. Dementsprechend bestimmt § 9, daß die öffentlichen Auftragnehmer das Zustandekommen der Preise den für die Preisbildung und Preisüberwachung zuständigen Behörden auf Verlangen nachzuweisen haben. Die Nachweispflicht kann nicht dahingehend ausgelegt werden, daß im Falle einer nach § 4 der Verordnung gebotenen Preisermittlung der Nachweis über die Preisermittlung gemäß § 5 der Verordnung verlangt wird.

b) Hinsichtlich der Leistungen, die zu Selbstkosten abgerechnet werden, sieht die Verordnung neben dem Preisprüfungsrecht der Preisverwaltungsbehörden ein Feststellungsrecht des öffentlichen Auftraggebers gemäß den Vorschriften des § 10 vor. Dieses Recht wird den öffentlichen Auftraggebern durch eine besondere Ermächtigung des Bundesministers für Wirtschaft allgemein oder im Einzelfall übertragen. Den Preisbildungsstellen wird von den erteilten Ermächtigungen Kenntnis gegeben.

Die Feststellungen gemäß § 10 haben die öffentlichen Auftraggeber im Benehmen mit den für die Preisbildung und Preisüberwachung zuständigen Behörden durchzuführen. Sie sind innerhalb der in § 10 Abs. 1 bestimmten Fristen vorzunehmen.

Dem öffentlichen Auftraggeber werden die in § 9 Abs. 2 Satz 2 und Abs. 3 erwähnten Rechte nicht vollinhaltlich sondern entsprechend übertragen. Damit wird zum Ausdruck gebracht, daß die Inanspruchnahme der Bestimmungen des § 9 Abs. 2 Satz 2 und Abs. 3 keine uneingeschränkte sein kann, sondern nur soweit begründet ist, als sie zu einer Feststellung gemäß § 10 erforderlich ist.

Abgesehen von den durch § 9 geregelten Fällen der Ausübung eines allgemeinen Preisprüfungsrechtes durch die Behörden der Preisverwaltung gibt § 10 Abs. 3 und 4 den Behörden der Preisverwaltung Mitwirkungs- und Entscheidungsrechte im Falle von Feststellungen der Angemessenheit von Selbstkostenpreisen durch öffentliche Auftraggeber.

11. **Zu § 12 Abs. 2:**
Nr. 1 bestimmt, daß, soweit laufenden Verträgen Vereinbarungen zugrunde liegen, nach denen Marktpreise oder Selbstkostenfestpreise zu zahlen sind, diese unberührt bleiben. Nach Nr. 3 sind die Preise für diejenigen Leistungen, Teilleistungen und Teile von Leistungen, die nach dem Inkrafttreten erbracht werden, nach den Vorschriften der neuen Verordnung zu errechnen. Sind in solchen laufenden Ver-

trägen über Selbstkostenerstattungspreise feste Sätze für einzelne Kalkulationsbereiche vereinbart worden, so bleiben diese Vereinbarungen über feste Sätze — entsprechend der Vorschrift über Selbstkostenfestpreise unter Nr. 1 ebenfalls unberührt.

Bonn, den 22. Dezember 1953
I B 1 / 5073 / 53

Der Bundesminister für Wirtschaft
Im Auftrage:
Risse

V.
Erster Runderlaß
betr. Durchführung der Verordnung PR Nr. 30/53 über die Preise bei öffentlichen Aufträgen vom 21. November 1953

Der nachstehend abgedruckte Erste Runderlaß betr. Durchführung der Verordnung PR Nr. 30/53 über die Preise bei öffentlichen Aufträgen vom 21. November 1953 vom 22. Dezember 1953 (MinBl. BMWi. S. 515) wird hiermit bekanntgemacht.

Im übrigen wird auf die Verordnung zur Übernahme der Verordnung PR Nr. 30/53 über die Preise bei öffentlichen Aufträgen vom 23. Dezember 1953 verwiesen (GVBl. S. 1511).

Berlin, den 19. Januar 1954.

Preisamt Berlin
Wokatsch

Printed by Libri Plureos GmbH
in Hamburg, Germany